Tomás de

IMITACIÓN DE CRISTO

Imitación de Cristo
Autor: Tomás de Kempis (1380-1471)
Título original: *De imitatione Christi*
Primera publicación: Bélgica 1441

Esta obra, en su redacción e idioma original,
pertenece al dominio público
© De la presente traducción: Pedro Mendizábal Cortés
Colección: Yo Soy el Camino, la Verdad y la Vida
Toledo. Enero de 2023
ISBN: 9798379263225

INTRODUCCIÓN

Poder presentar e introducir la *Imitación de Cristo* de Tomás de Kempis, o *"el Kempis"*, como con afecto llaman a este libro millones de hispanohablantes, después de haberlo traducido, comprendiendo más profundamente la fuerza de su mensaje, es un auténtico placer además de un honor; un honor por el que me siento movido más a ponerlo en valor que a escudriñarlo, ya que es uno de esos clásicos de la Espiritualidad Católica que se tiene en pie y se mide por sus frutos.

Este libro fue el libro de cabecera de incontables santos, siendo pocos, en verdad, los santos que no lo hubieran leído tras ser escrito. Ganó también el respeto de muchos pensadores ilustrados, alejados o enemigos de la fe, por tratarse de una obra coherente y de cuya lectura nadie podría salir impasible, aunque fuera tan sólo en el plano humano.

Aunque esta edición, como casi todas, se presenta en un único volumen, recoge los cuatro libros originales en los que Tomás de Kempis separó cuatro temáticas tan diferenciadas como necesarias en la vida del cristiano.

En las cuatro partes se alienta el fervor del creyente, se combate la tibieza, se exige sacrificio y confianza en Dios, y se acompaña la mística de la ascética, al tiempo que se acompaña a la ascética de su verdadero sentido espiritual.

La primera parte comprende consejos útiles para la vida espiritual, mucho se habla aquí de lo externo, de las obras, del contexto moral y espiritual que debe favorecer el crecimiento interior, que será tratado en la segunda parte. En la tercera, se hablará del consuelo interior, ese premio que muchos creyentes exigen como pago a su vida devota, pero del que no podemos olvidar que es, ante todo, una gracia. La obra finalizará poniéndonos a los pies del altar para contemplar en Sacramento de la Eucaristía, a Jesús escondido bajo las sagradas especies consagradas.

Ser como Cristo, pensar como Cristo, obrar como Cristo, orar como Cristo... Comulgar plenamente con Cristo... El título: "Imitación de Cristo", además de expresar cuanto esta obra contiene, nos ayudará a saber cual es el centro y el objetivo antes de comenzar a leer tan siguiera la primera página: Imitar a Cristo. A cristo ruego por el provecho espiritual del esfuerzo de esta edición.

Pedro Mendizábal Cortés.

IMITACIÓN DE CRISTO

PRIMER LIBRO: CONSEJOS ÚTILES PARA LA VIDA ESPIRITUAL

CAPÍTULO I. *Sobre la imitación de Cristo y el desprecio del mundo y de todas sus vanidades*

1. El que me siga no caminará en las tinieblas (Jn 8:12), dice el Señor. Estas son las palabras de Cristo; y nos enseñan hasta qué punto debemos imitar su vida y su carácter, si buscamos la verdadera iluminación y la liberación de toda ceguera de corazón. Por lo tanto, que sea nuestro más ferviente estudio, meditar en la vida de Jesucristo.

2. Pero hay muchos que, aunque oyen con frecuencia el Evangelio, sienten poco deseo de conocerlo, porque no tienen la forma de pensar de Cristo (Ap 2:17). Por lo tanto, el que quiera entender plenamente y con verdadera sabiduría las palabras de Cristo, que se esfuerce por conformar toda su vida a la mente de Cristo.

3. ¿De qué te sirve entrar en profundas discusiones sobre la Santísima Trinidad, si careces de humildad, y así desagradas a la Trinidad? Porque, en verdad, no son las palabras profundas las que hacen a un hombre santo y recto; es una buena vida la que hace a un hombre querido por Dios. Prefiero sentir contrición que ser hábil para definirla. Si conocieras toda la Biblia y los dichos de todos los filósofos, ¿de qué te serviría todo esto sin el amor y la gracia de Dios? Vanidad de vanidades, todo es vanidad, salvo amar a Dios, y a Él sólo servir. Esa es la más alta sabiduría, dejar atrás el mundo, y alcanzar el reino celestial.

4. Es, pues, vanidad buscar y confiar en las riquezas que perecerán. También es vanidad codiciar honores y elevarse por encima de los demás. Es vanidad seguir los deseos de la carne y dejarse llevar por ellos, pues esto traerá al final la miseria. Es vanidad desear una larga vida, y tener poco cuidado de una vida buena. Es vanidad pensar sólo en la vida actual, y no mirar hacia las cosas que vendrán después. Es vanidad amar lo que pronto pasa, y no apresurarse a donde mora el gozo eterno.

5. Recuerda a menudo el dicho: El ojo no se sacia de ver, ni el oído de oír (Ecl 1:8). Procura, pues, apartar tu corazón del amor a las cosas que se ven, y ponerlo en las que no se ven. Porque los que siguen sus propios deseos carnales, contaminan la conciencia y destruyen la Gracia de Dios.

CAPÍTULO II. *Del pensamiento humilde sobre uno mismo*

1. Hay en todo hombre un deseo natural de saber, pero ¿de qué sirve el conocimiento sin el temor de Dios? Más vale un humilde campesino que sirve a Dios, que un orgulloso filósofo que mira las estrellas y descuida el conocimiento de sí mismo. El que se conoce bien a sí mismo es vil a sus propios ojos, y no tiene en cuenta las alabanzas de los hombres. Si yo conociera todas las cosas que hay en el mundo, y no tuviera caridad, ¿de qué me serviría ante Dios, que ha de juzgarme según mis obras?

2. Descansa del deseo desmedido de conocimiento, pues en él se encuentra mucha distracción y engaño. Los que tienen conocimientos desean parecer doctos y ser llamados sabios. Hay muchas cosas que hay que saber y que poco o nada aprovechan al alma. Y es insensato el que se ocupa de otras cosas antes que de las que sirven para la salud de su alma. Muchas palabras no satisfacen al alma, pero una buena vida reconforta la mente, y una conciencia pura da gran confianza hacia Dios.

3. Cuanto más grande y completo sea tu conocimiento, más severamente serás juzgado, a menos que hayas vivido santamente. Por lo tanto, no te enorgullezcas de cualquier habilidad o conocimiento que tengas, sino más bien teme por el conocimiento que se te ha dado. Si te parece que sabes muchas cosas, y las entiendes bien, sabe también que hay muchas más cosas que no sabes. No seas altivo, sino más bien confiesa tu ignorancia. ¿Por qué quieres elevarte por encima de otro, cuando se encuentran personas más instruidas y más expertas en la Escritura que tú? Si quieres saber y aprender algo con provecho, ama ser desconocido y que no te tengan en cuenta.

4. Esta es la lección más elevada y provechosa, cuando un hombre se conoce y juzga verdaderamente a sí mismo. No tener en cuenta nada de uno mismo, y pensar siempre con benevolencia y estima en los demás, esto es una gran y perfecta sabiduría. Aunque veas a tu prójimo pecar abierta o gravemente, no debes considerarte mejor que él, pues no sabes cuánto tiempo mantendrás tu integridad. Todos somos débiles y frágiles; no consideres a nadie más frágil que a ti mismo.

CAPÍTULO III. *Del conocimiento de la verdad*

1. Dichoso el hombre al que la verdad le enseña por sí misma, no por medio de figuras y palabras pasajeras, sino tal como es en sí misma (Sal 94 y Núm 12:8). Nuestro propio juicio y nuestros sentimientos nos engañan a menudo, y no discernimos más que un poco de la verdad. ¿De qué nos sirve discutir sobre cosas ocultas y oscuras, respecto a las cuales ni siquiera seremos reprochados en el juicio, por no haberlas conocido? ¡Oh, qué locura tan grave es descuidar las cosas provechosas y necesarias, y dedicar nuestra mente a cosas curiosas y perjudiciales! Teniendo ojos, no vemos.

2. ¡Y qué tenemos que hacer con las conversaciones sobre géneros y especies! Aquel a quien le habla el Verbo Eterno está libre de multitud de interrogantes. De este Verbo Único son todas las cosas, y todas las cosas hablan de Él; y éste es el Principio que también nos habla (Jn 8:25). Ningún hombre sin Él entiende o juzga correctamente. El hombre para el que todas las cosas son una, el que lleva todas las cosas a una, el que ve todas las cosas en una, es capaz de permanecer firme de espíritu y descansar en Dios. Oh Dios, que eres la Verdad, hazme uno contigo en el amor eterno. A menudo me cansa leer y escuchar muchas cosas; en Ti está todo lo que quiero y deseo. Que todos los doctores callen; que toda la creación guarde silencio ante Ti: háblame sólo Tú.

3. Cuanto más unidad y sencillez tiene el hombre en sí mismo, más cosas y más profundas entiende; y esto sin esfuerzo, porque recibe la luz del entendimiento de lo alto. El espíritu que es puro, sincero y firme, no se distrae aunque tenga muchas obras que hacer, porque todo lo hace en honor de Dios, y se esfuerza por estar libre de todo

pensamiento de egoísmo. ¿Quién está tan lleno de obstáculos y estorbos para ti como tu propio corazón indisciplinado? El hombre bueno y piadoso ordena de antemano en su propio corazón las obras que ha de realizar en el exterior, y así no se deja arrastrar por los deseos de su mala voluntad, sino que somete todo al juicio de la recta razón. ¿Quién tiene una batalla más difícil de librar que el que se esfuerza por dominarse a sí mismo? Y éste debe ser nuestro empeño, dominarnos a nosotros mismos, y así crecer cada día más fuerte que el yo, e ir hacia la perfección.

4. Toda perfección tiene algo de imperfección en esta vida, y todo nuestro poder de visión no está exento de alguna oscuridad. Un conocimiento humilde de ti mismo es un camino más seguro hacia Dios que la búsqueda profunda del aprendizaje del hombre. No es que se deba culpar a la erudición, ni a la consideración de todo lo que es bueno; pero una buena conciencia y una vida santa son mejores que ambas. Y porque muchos buscan el conocimiento en vez de la vida buena, por eso se extravían, y dan poco o ningún fruto.

5. Si se dedicaran a desarraigar el vicio y a plantar la virtud con la misma diligencia con que se dedican a las preguntas vanas, no habría tantas malas acciones y tropiezos entre los laicos, ni se viviría tan mal en las casas de religión. Con toda seguridad, en el día del juicio se nos exigirá, no lo que hemos leído, sino lo que hemos hecho; no lo bien que hemos hablado, sino lo santamente que hemos vivido. Dime, ¿dónde están ahora todos aquellos maestros y profesores que conociste bien, cuando aún estaban contigo, y florecieron en el conocimiento? Sus puestos están ahora ocupados por otros, que tal vez nunca han pensado en ellos. Mientras vivían parecían ser algo, pero ahora nadie habla de ellos.

6. ¡Oh, qué rápido pasa la gloria del mundo! Ojalá su vida y su conocimiento hubieran coincidido. Porque entonces habrían leído e investigado con buen fin. Cuántos perecen en este mundo por la vana erudición, que poco se preocupan por servir a Dios. Y porque aman ser grandes más que ser humildes, por eso "se han envanecido en sus imaginaciones". Sólo es verdaderamente grande quien tiene gran caridad. Es verdaderamente grande el que se considera pequeño, y considera como inútil toda altura de honor. Es el hombre verdaderamente sabio, que considera todas las cosas terrenales como estiércol para ganar a Cristo. Y el hombre verdaderamente sabio es el que hace la voluntad de Dios y abandona su propia voluntad.

CAPÍTULO IV. *De la prudencia en la acción*

1. No debemos fiarnos de toda palabra ajena ni de todo sentimiento interior, sino probar con cautela y paciencia si el asunto es de Dios. Desgraciadamente somos tan débiles que nos resulta más fácil creer y hablar mal de los demás, que bien. Pero los que son perfectos, no prestan atención a todo transmisor de noticias, porque conocen la debilidad del hombre que es propenso al mal e inestable en las palabras.

2. Esta es una gran sabiduría, no precipitarse en la acción, ni obstinarse en nuestras propias opiniones. Una parte de esta sabiduría es también no creer cada palabra que oímos, ni decir a otros todo lo que oímos, aunque lo creamos. Acoge el consejo de un hombre sabio y de buena conciencia; y procura ser instruido por uno mejor que tú, en lugar de seguir tus propias invenciones. Una buena vida hace al hombre sabio para con

Dios, y le da experiencia en muchas cosas. Cuanto más humilde sea el hombre en sí mismo, y más obediente hacia Dios, más sabio será en todas las cosas, y más estará su alma en paz.

CAPÍTULO V. *De la lectura de las Sagradas Escrituras*

1. Lo que debemos buscar en la Sagrada Escritura es la Verdad, no la astucia de las palabras. Toda la Escritura debe leerse con el espíritu con que fue escrita. Debemos buscar más bien lo que es provechoso en la Escritura, que lo que sirve para la sutileza del discurso. Por lo tanto, debemos leer los libros devocionales y sencillos, al igual que los profundos y difíciles. Y no dejes que el peso del escritor sea un obstáculo para ti, ya sea de poca o mucha erudición, sino que el amor a la verdad pura te atraiga a la lectura. No preguntes quién ha dicho esto o aquello, sino mira lo que dice.

2. Los hombres pasan, pero la verdad del Señor permanece para siempre. Sin acepción de personas, Dios nos habla de diversas maneras. Nuestra propia curiosidad nos entorpece a menudo en la lectura de los escritos sagrados, cuando tratamos de entender y discutir, donde deberíamos continuar con sencillez. Si quieres sacar provecho de tu lectura, lee con humildad, con sencillez, con honestidad y sin pretender ganar reputación de erudito. Pregunta libremente, y escucha en silencio las palabras de los hombres santos; no te disgustes por las palabras duras de hombres mayores que tú, pues no se pronuncian sin razón.

CAPÍTULO VI. *De los afectos desmedidos*

Cuando un hombre desea algo por encima de la mesura, inmediatamente se vuelve inquieto. El orgulloso y el avaro nunca están tranquilos, mientras que el pobre y el humilde de corazón permanecen en paz. El hombre que aún no está totalmente muerto al yo, pronto es tentado, y es vencido en asuntos pequeños y triviales. Es difícil para el que es débil de espíritu, y sigue siendo en parte carnal e inclinado a los placeres de los sentidos, apartarse por completo de los deseos terrenales. Y por eso, cuando se aparta de ellos, se entristece a menudo, y se enoja también fácilmente si alguno se opone a su voluntad.

2. Pero si, por el contrario, renuncia a su inclinación, en seguida le pesa la condena de su conciencia, porque ha seguido su propio deseo y, sin embargo, no ha alcanzado en absoluto la paz que esperaba. Porque la verdadera paz del corazón se encuentra en resistir la pasión, no en ceder a ella. Por eso no hay paz en el corazón del hombre carnal, ni en el que se entrega a las cosas ajenas, sino sólo en el que es ferviente hacia Dios y vive la vida del Espíritu.

CAPÍTULO VII. *De la huida de la esperanza vana y del orgullo*

1. Vana es la vida de aquel hombre que pone su confianza en los hombres o en cualquier cosa creada. No te avergüences de ser siervo de los demás por amor a Jesucristo, y de ser considerado pobre en esta vida. No te apoyes en ti mismo, sino construye tu esperanza en Dios. Haz lo que esté en tu mano, y Dios ayudará a tu buena intención. No confíes en tu

saber, ni en la astucia de ninguno de los que viven, sino confía en el favor de Dios, que resiste a los soberbios y da gracia a los humildes.

2. No te jactes de tus riquezas, si las tienes, ni de tus amigos, si son poderosos, sino de Dios, que todo lo da, y además quiere darse a sí mismo. No te enorgullezcas de tu fuerza o de la belleza de tu cuerpo, pues con sólo una leve enfermedad se desvanecerá y se marchitará. No te envanezcas de tu destreza o habilidad, no sea que desagrades a Dios, de quien viene todo buen don que tenemos.

3. No te consideres mejor que los demás, no sea que parezcas peor a los ojos de Dios, que conoce lo que hay en el hombre. No estés orgulloso de tus buenas obras, porque los juicios de Dios son de otra clase que los juicios de los hombres, y lo que agrada a los hombres es a menudo desagradable para Él. Si tienes algún bien, cree que otros tienen más, y así podrás conservar tu humildad. No te perjudica si te colocas por debajo de todos los demás; pero es un gran daño si te colocas por encima de uno solo. La paz está siempre con el hombre humilde, pero la envidia y la ira son constantes en el corazón del orgulloso.

CAPÍTULO VIII. *Del peligro de la excesiva familiaridad*

1. No abras tu corazón a cualquier hombre, sino trata con uno que sea sabio y temeroso de Dios. No te juntes con los jóvenes ni con los extraños. No seas adulador de los ricos, ni busques de buen grado la compañía de los grandes. Acompaña a los humildes y a los sencillos, a los piadosos y a los amables, y habla de cosas que edifican. No te hagas amigo de ninguna mujer, sino encomienda a Dios todas las mujeres buenas por igual. Escoge como compañeros sólo a Dios y a sus ángeles, y huye de la atención de los hombres.

2. Debemos amar a todos los hombres, pero no hacer de todos ellos compañeros íntimos. A veces sucede que uno que nos es desconocido es muy apreciado por la buena fama que de él se tiene, cuya persona real es, sin embargo, desagradable para los que la contemplan. A veces pensamos en complacer a los demás con nuestra intimidad, e inmediatamente los desagradamos todavía más por la falta de carácter que perciben en nosotros.

CAPÍTULO IX. *De la obediencia y la sujeción*

1. Es verdaderamente una gran cosa vivir en obediencia, estar bajo la autoridad, y no estar a nuestra propia disposición. Es mucho más seguro vivir en la obediencia que en un lugar de autoridad. Muchos se someten a la obediencia por necesidad y no por amor; éstos lo toman a mal y se quejan por motivos insignificantes. Tampoco conseguirán la libertad de espíritu, si no se someten de todo corazón por amor a Dios. Aunque corras de aquí para allá, no encontrarás la paz, sino en la humilde sujeción a la autoridad del que está puesto sobre ti. Las fantasías sobre los puestos y el cambio de ellos han engañado a muchos.

2. Es cierto que cada hombre sigue de buen grado su propia inclinación, y se inclina más por los que están de acuerdo con él. Pero si Cristo está entre nosotros, entonces es

necesario que a veces cedamos nuestra propia opinión en aras de la paz. ¿Quién es tan sabio como para tener un conocimiento perfecto de todas las cosas? Por lo tanto, no confíes demasiado en tu propia opinión, sino estate también dispuesto a escuchar las opiniones de los demás. Aunque tu propia opinión sea buena, si por amor a Dios renuncias a ella y sigues la de otro, más provecho sacarás.

3. Muchas veces he oído que es más seguro escuchar y recibir consejos que darlos. También puede suceder que cada opinión sea buena; pero negarse a escuchar a los demás cuando la razón o la ocasión lo requieren, es una señal de orgullo o de obstinación.

CAPÍTULO X. *Del peligro de la desmesura de las palabras*

1. Evita en lo posible el tumulto de los hombres; porque las conversaciones sobre las cosas del mundo, aunque se emprendan inocentemente, son un estorbo, pues muy pronto somos llevados cautivos y contaminados por la vanidad. Muchas veces desearía haberme callado y no haber ido entre los hombres. Pero, ¿por qué hablamos y chismorreamos tan continuamente, viendo que rara vez reanudamos nuestro silencio sin que se haga algún daño a nuestra conciencia? Nos gusta tanto hablar porque esperamos obtener con nuestras conversaciones algún consuelo mutuo, y porque buscamos reconfortar nuestros cansados espíritus con pensamientos diversos. Y de muy buena gana hablamos y pensamos en aquellas cosas que amamos o deseamos, o bien de las que más nos disgustan.

2. Pero, por desgracia, a menudo es inútil y vano. Porque este consuelo exterior no es más que un obstáculo para el consuelo interior que viene de Dios. Por lo tanto, debemos velar y orar para que el tiempo no pase en vano. Si es justo y deseable que hables, habla cosas que sean para edificación. La mala costumbre y el descuido de nuestro verdadero provecho tienden mucho a hacernos descuidar la vigilancia de nuestros labios. Sin embargo, la conversación devota sobre las cosas espirituales ayuda no poco al progreso espiritual, sobre todo cuando los de mente y espíritu afines encuentran su fundamento en la comunión con Dios.

CAPÍTULO XI. *De la búsqueda de la paz interior y del progreso espiritual*

1. Podemos disfrutar de abundante paz si nos abstenemos de ocuparnos de los dichos y hechos de los demás, y de las cosas que no nos conciernen. ¿Cómo puede permanecer mucho tiempo en paz quien se ocupa de los asuntos de los demás y de las cosas que no le conciernen, y mientras tanto presta poca o rara atención a su yo interior? Bienaventurados los que tienen un solo corazón, porque tendrán abundancia de paz.

2. ¿Cómo fue que muchos de los santos fueron tan perfectos, tan contemplativos de las cosas divinas? Porque buscaban firmemente mortificarse de todos los deseos mundanos, y así podían aferrarse con todo su corazón a Dios, y estar libres y tranquilos para pensar en Él. Estamos demasiado ocupados con nuestros propios afectos, y demasiado preocupados por las cosas transitorias. Rara vez, en efecto, vencemos por completo incluso una sola falta, y tampoco somos celosos en el crecimiento diario de la gracia. Y así permanecemos tibios y sin espíritu.

3. Si estuviéramos completamente atentos a nosotros mismos, y no estuviéramos atados en espíritu a las cosas externas, entonces podríamos ser sensatos para alcanzar la salvación, y progresar en la contemplación divina. Nuestro gran y penoso obstáculo es que, al no estar liberados de nuestros afectos y deseos, nos esforzamos por no entrar en el camino perfecto de los santos. Y cuando nos sobreviene incluso un pequeño problema, nos abatimos demasiado pronto y huimos al mundo para que nos dé consuelo.

4. Si dejáramos de ser como los hombres, y nos esforzáramos por mantenernos firmes en la batalla, entonces veríamos al Señor ayudándonos desde el Cielo. Porque Él mismo está siempre dispuesto a ayudar a los que se esfuerzan y confían en Él; sí, nos proporciona ocasiones de luchar, con el fin de que ganemos la victoria. Si consideramos nuestro progreso en la religión como un progreso sólo en las observancias y formas externas, nuestra devoción pronto llegará a su fin. Pero pongamos el hacha en la raíz misma de nuestra vida, para que, limpios de afectos, podamos poseer nuestras almas en paz.

5. Si cada año pudiéramos arrancar de nosotros una sola falta, avanzaríamos rápidamente hacia la perfección. Pero, por el contrario, a menudo sentimos que éramos mejores y más santos al principio de nuestra conversión que después de muchos años de profesión. El celo y el progreso deben aumentar de día en día; sin embargo, ahora parece una gran cosa si uno es capaz de retener alguna porción de su primer ardor. Si nos esforzáramos un poco al principio, después podríamos hacer todas las cosas con facilidad y alegría.

6. Es una cosa difícil romper con un hábito, y una cosa aún más difícil ir en contra de nuestra propia voluntad. Pero si no vences los obstáculos leves y fáciles, ¿cómo vencerás los mayores? Resiste tu voluntad al principio, y desaprende un mal hábito, para que no te lleve poco a poco a peores dificultades. Oh, si supieras la paz que tu vida santa te ha de proporcionar, y la alegría que ha de dar a los demás, creo que serías más celoso en el provecho espiritual.

CAPÍTULO XII. De los provechos de la adversidad

1. Es bueno para nosotros que a veces tengamos penas y adversidades, porque a menudo hacen que el hombre se dé cuenta de que sólo es un extranjero y un forastero, y que no puede poner su confianza en ninguna cosa mundana. Es bueno que a veces soportemos contradicciones, y que seamos juzgados con dificultad e injustamente, cuando hacemos y queremos lo que es bueno. Porque estas cosas nos ayudan a ser humildes, y nos protegen de la vana gloria. Porque entonces buscamos con más ahínco el testimonio de Dios, cuando los hombres hablan mal de nosotros falsamente, y no nos dan crédito por el bien.

2. Por lo tanto, el hombre debe apoyarse totalmente en Dios, de modo que no necesite buscar mucho consuelo de la mano de los hombres. Cuando un hombre que teme a Dios es afligido o probado u oprimido con malos pensamientos, entonces ve que Dios es más necesario para él, ya que sin Dios no puede hacer nada bueno. Entonces se siente afligido de corazón, gime, grita por la propia inquietud de su corazón. Entonces se cansa de la vida, y desearía partir y estar con Cristo. Por todo esto se le enseña que en el mundo no puede haber seguridad perfecta ni plenitud de paz.

CAPÍTULO XIII. *De la resistencia a la tentación*

1. Mientras vivamos en el mundo, no podemos estar sin problemas y pruebas. Por eso está escrito en Job: La vida del hombre sobre la tierra es una prueba (Job 7:1). Y, por lo tanto, cada uno de nosotros debe prestar atención a las pruebas y tentaciones, y velar en la oración, para que el diablo no encuentre ocasión de engañarnos; porque nunca duerme, sino que anda buscando a quién devorar. Ningún hombre es tan perfecto en santidad como para no tener tentaciones, ni podemos estar nunca totalmente libres de ellas.

2. Sin embargo, las tentaciones nos benefician en gran medida, aunque sean grandes y difíciles de soportar, porque a través de ellas somos humillados, purificados e instruidos. Todos los santos han pasado por muchas tribulaciones y tentaciones, y se han beneficiado de ellas. Y los que no soportaron la tentación se volvieron réprobos y cayeron. No hay posición tan sagrada, ni lugar tan secreto, que esté exento de tentaciones y adversidades.

3. No hay hombre que esté totalmente libre de tentaciones mientras viva, porque tenemos la raíz de la tentación dentro de nosotros mismos, ya que nacemos en la concupiscencia. Pasa una tentación o una pena, y viene otra; y siempre tendremos algo que sufrir, porque hemos caído de la perfecta felicidad. Muchos de los que tratan de huir de las tentaciones caen aún más profundamente en ellas. Sólo con la huida no podemos vencer, pero con la resistencia y la verdadera humildad nos hacemos más fuertes que todos nuestros enemigos.

4. El que sólo resiste en lo externo y no arranca de raíz, poco aprovechará; más aún, las tentaciones volverán a él más rápidamente y serán más terribles. Poco a poco, mediante la paciencia y la longanimidad, vencerás con la ayuda de Dios, más que con la violencia y tu propia fuerza de voluntad. En medio de la tentación busca a menudo el consejo; y no trates a duras penas al que está tentado, sino consuélalo y fortalécelo como lo harías contigo mismo.

5. El principio de todas las tentaciones del mal es la inestabilidad del temperamento y la falta de confianza en Dios; porque así como un barco sin timón es sacudido por las olas, así un hombre descuidado y débil de voluntad es tentado, ahora de un lado, ahora de otro. Como el fuego prueba el hierro, así la tentación prueba al hombre recto. A menudo no sabemos qué fuerza tenemos; pero la tentación nos revela lo que somos. Sin embargo, debemos vigilar, especialmente en los comienzos de la tentación; porque entonces es más fácil dominar al enemigo, cuando no se le permite entrar en la mente, sino que se le encuentra fuera de la puerta tan pronto como ha llamado. Por eso se dice: Revisa los comienzos; una vez podrías haber curado, pero ahora ya ha superado tu capacidad, ha perdurado demasiado tiempo. Porque primero viene a la mente la simple sugestión, luego la fuerte imaginación, después el placer, el mal afecto, el asentimiento. Y así, poco a poco, el enemigo entra por completo, porque no se le resistió al principio. Y cuanto más tarda el hombre en resistirse, más se debilita, y más fuerte crece el enemigo contra él.

6. Algunos hombres sufren sus tentaciones más graves al principio de su conversión, otros al final. Algunos son probados duramente durante toda su vida. Hay algunos que son tentados pero ligeramente, según la sabiduría y la justicia del ordenamiento de Dios,

que conoce el carácter y las circunstancias de los hombres, y ordena todas las cosas para el bienestar de sus elegidos.

7. Por lo tanto, no debemos desesperar cuando seamos tentados, sino que debemos clamar a Dios con mayor fervor, para que nos ayude en todas nuestras tribulaciones; y para que, como dice San Pablo, junto con la tentación haga una vía de escape para que podamos soportarla (1Cor 10:13). Por lo tanto, humillémonos bajo la poderosa mano de Dios en toda tentación y angustia, porque Él salvará y exaltará a los de espíritu humilde.

8. En las tentaciones y en las tribulaciones se comprueba el progreso del hombre, y en ellas es mayor su recompensa, y más se manifiesta su virtud. Tampoco es gran cosa que un hombre sea devoto y celoso mientras no sufra ninguna aflicción; pero si se comporta con paciencia en el tiempo de la adversidad, entonces hay esperanza de un gran progreso. Algunos se mantienen a salvo de las grandes tentaciones, pero son alcanzados en las que son pequeñas y comunes, para que la humillación les enseñe a no confiar en sí mismos en las cosas grandes, siendo débiles en las pequeñas.

CAPÍTULO XIV. *De cómo evitar el juicio precipitado*

1. Mírate bien a ti mismo, y guárdate de no juzgar lo que hacen los demás. Al juzgar a los demás, el hombre trabaja en vano; a menudo se equivoca, y fácilmente cae en el pecado; pero al juzgar y examinarse a sí mismo, siempre trabaja con buen propósito. Según un asunto toca nuestra fantasía, así juzgamos a menudo; porque fácilmente fallamos en el juicio verdadero a causa de nuestro propio sentimiento personal. Si Dios fuera siempre el único objeto de nuestro deseo, nos turbaría menos el juicio erróneo de nuestra fantasía.

2. Pero a menudo algún pensamiento secreto que nos acecha, o incluso alguna circunstancia externa, nos desvía. Muchos buscan en secreto sus propios fines en lo que hacen, y no lo saben. Parecen vivir en buena paz de espíritu mientras las cosas van bien con ellos, y de acuerdo con sus deseos, pero si sus deseos son frustrados y rotos, inmediatamente son sacudidos y disgustados. La división de sentimientos y opiniones provoca muy a menudo disensiones entre amigos, entre compatriotas, entre hombres religiosos y piadosos.

3. La costumbre establecida no se abandona fácilmente, y ningún hombre es fácilmente movido a ver con los ojos de otro. Si te apoyas más en tu propia razón o experiencia que en el poder de Jesucristo, tu luz vendrá lenta y difícilmente; porque Dios quiere que estemos perfectamente sujetos a Él, y que toda nuestra razón sea exaltada por un abundante amor hacia Él.

CAPÍTULO XV. *De las obras de caridad*

1. Por ningún bien mundano, y por amor a ningún ser humano, debe hacerse nada que sea malo, sino que a veces, para ayudar a los que sufren, debe posponerse una obra buena, o cambiarse por otra mejor; porque en esto no se destruye una obra buena, sino que se mejora. Sin la caridad ninguna obra aprovecha, sino que todo lo que se hace por caridad, por pequeño e insignificante que sea, da buen fruto; porque Dios considera verdaderamente lo que el hombre es capaz de hacer, más que la grandeza de lo que hace.

2. Hace mucho quien ama mucho. Hace mucho quien hace bien. Hace bien el que sirve al bien general antes que al suyo propio. A menudo parece ser caridad lo que es más bien carnalidad, en cuanto brota de la inclinación natural, de la voluntad propia, de la esperanza de retribución, del deseo de ganancia.

3. El que tiene una caridad verdadera y perfecta, no busca en absoluto su propio bien, sino que desea que sólo Dios sea glorificado en su totalidad. No envidia a nadie, porque no anhela ningún gozo egoísta; ni desea regocijarse en sí mismo, sino que anhela ser bendecido en Dios como el mayor bien. No atribuye el bien a nadie más que a Dios, la Fuente de donde procede todo el bien, y el Fin, la Paz, el gozo de todos los Santos. Quien tenga sólo una chispa de verdadera caridad, habrá aprendido verdaderamente que todas las cosas mundanas están llenas de vanidad.

CAPÍTULO XVI. *De soportar las faltas de los demás*

1. Las cosas que un hombre no puede enmendar en sí mismo o en otros, debe soportarlas pacientemente, hasta que Dios disponga lo contrario. Piensa que tal vez sea mejor para tu prueba y paciencia, sin la cual nuestros méritos no valen nada. Sin embargo, cuando encuentres tales impedimentos, debes suplicar a Dios que se digne sostenerte, para que puedas soportarlos con buena voluntad.

2. Si uno que es amonestado una o dos veces se niega a escuchar, no te esfuerces con él, sino encomiéndalo todo a Dios, para que se haga su voluntad y se muestre su honor en sus siervos, pues Él sabe bien cómo convertir el mal en bien. Procura tener paciencia para soportar las faltas y debilidades de los demás, sean las que sean, porque tú también tienes muchas cosas que deben ser soportadas por los demás. Si no puedes hacer de ti mismo lo que deseas, ¿cómo podrás moldear a otro a tu gusto? Estamos dispuestos a ver a los demás perfeccionados, y sin embargo no enmendamos nuestros propios defectos.

3. Queremos que los demás sean corregidos estrictamente, pero no queremos ser corregidos nosotros mismos. Nos disgusta la libertad de los demás, pero no nos satisface que se nos nieguen nuestros propios deseos. Deseamos que se establezcan reglas que restrinjan a los demás, pero de ninguna manera permitimos que se nos restrinja a nosotros mismos. Así, pues, se ve claramente cuán pocas veces pesamos a nuestro prójimo en la misma balanza que a nosotros mismos. Si todos los hombres fueran perfectos, ¿qué tendríamos que sufrir de los demás por Dios?

4. Pero ahora Dios ha ordenado que aprendamos a soportar las cargas de los demás, porque ninguno está libre de defectos, ninguno está libre de cargas, ninguno se basta a sí mismo, ninguno es suficientemente sabio por sí mismo, sino que nos corresponde soportarnos unos a otros, consolarnos mutuamente, ayudarnos, instruirnos, amonestarnos. La fuerza de cada uno se demuestra mejor en las ocasiones de adversidad, pues tales ocasiones no debilitan al hombre, sino que muestran su temple.

CAPÍTULO XVII. *De la vida religiosa*

1. Conviene que aprendas a mortificarte en muchas cosas, si quieres vivir en amistad y concordia con los demás hombres. No es poca cosa habitar en una comunidad o congregación religiosa, y vivir en ella sin quejas, y permanecer en ella fiel hasta la

muerte. Bienaventurado el que ha vivido una buena vida en dicho cuerpo, y la ha hecho llegar a un final dichoso. Si te mantienes firme y sacas provecho como es debido, considérate como un exiliado y peregrino en la tierra. Tendrás que ser considerado como un tonto por Cristo, si quieres llevar una vida religiosa.

2. La ropa y la apariencia externa son de poca importancia; es el cambio de carácter y la mortificación total de los afectos lo que hace a un hombre verdaderamente religioso. Aquel que no busca nada más que a Dios y la salud de su alma, sólo encontrará tribulaciones y penas. Tampoco puede permanecer mucho tiempo en paz quien no se esfuerza por ser el menor de todos y el servidor de todos.

3. Estás llamado a soportar y a trabajar, no a una vida de comodidad y de charlas triviales. Aquí, pues, los hombres son probados como el oro en el horno. Ningún hombre puede resistir, a menos que con todo su corazón se humille por amor a Dios.

CAPÍTULO XVIII. *Del ejemplo de los santos padres*

1. Considera ahora los vivos ejemplos de los santos padres, en los que brilló la verdadera perfección y religión, y verás cuán poco, incluso como nada, es todo lo que hacemos. ¿Qué es nuestra vida comparada con la de ellos? Ellos, santos y amigos de Cristo como eran, sirvieron al Señor en el hambre y la sed, en el frío y la desnudez, en el trabajo y la fatiga, en las vigilias y los ayunos, en la oración y las santas meditaciones, en las persecuciones y las muchas reprimendas.

2. Cuántas y penosas tribulaciones soportaron los Apóstoles, los Mártires, los Confesores, las Vírgenes, y todos los demás que quisieron seguir las huellas de Cristo. Porque odiaron sus almas en este mundo para conservarlas para la vida eterna. Cuán estricta y retirada fue la vida de los santos padres que habitaron en el desierto; qué largas y penosas tentaciones sufrieron; cuán a menudo fueron asaltados por el enemigo; qué frecuentes y fervorosas oraciones ofrecieron a Dios; qué estrictos ayunos soportaron; qué ferviente celo y deseo de obtener beneficios espirituales manifestaron; cuán valientemente lucharon para que sus vicios no se impusieran; cuán completa y firmemente buscaron a Dios. Durante el día trabajaban, y por la noche se entregaban a menudo a la oración; sí, incluso cuando trabajaban no dejaban de orar mentalmente.

3. Pasaban todo el tiempo de manera provechosa; cada hora les parecía corta para retirarse con Dios; y por la gran dulzura de la contemplación, incluso se olvidaban de la necesidad de sustento corporal. Renunciaban a todas las riquezas, dignidades, honores, amigos, parientes; no deseaban nada del mundo; comían lo estrictamente necesario para la vida; no estaban dispuestos a atender el cuerpo ni siquiera en la necesidad. Así eran pobres en las cosas terrenales, pero ricos con creces en gracia y virtud. Aunque pobres a la vista, por dentro estaban llenos de gracia y de bendiciones celestiales.

4. Eran extraños para el mundo, pero para Dios eran como parientes y amigos. Se consideraban a sí mismos sin reputación, y a los ojos del mundo eran despreciables; pero a los ojos de Dios eran preciosos y amados. Se mantenían firmes en la verdadera humildad, vivían en la simple obediencia, caminaban en el amor y la paciencia; y así se fortalecían en espíritu, y obtenían gran favor ante Dios. A todos los hombres religiosos se

les dio como ejemplo, y deberían estimularnos más a vivir bien que lo que el número de los tibios nos tienta a la despreocupación de la vida.

5. ¡Oh, qué grande era el amor de todos los religiosos al comienzo de esta sagrada institución! ¡Oh, qué devoción en la oración, qué rivalidad en la santidad, qué estricta disciplina se observaba, qué reverencia y obediencia bajo la regla del maestro mostraban en todas las cosas! Las huellas que quedan de ellos hasta ahora atestiguan que eran hombres verdaderamente santos y perfectos, que luchando tan valientemente pisotearon el mundo. Ahora un hombre es considerado grande si sólo no es un transgresor, y si sólo puede soportar con paciencia lo que ha emprendido.

6. Oh, la frialdad y la negligencia de nuestros tiempos, que con tanta rapidez nos alejan del amor anterior, convirtiéndose en una fatiga el vivir, a causa de la pereza y la tibieza. Que el progreso en la santidad no se duerma del todo en ti, que tantas veces has visto tantos ejemplos de hombres devotos.

CAPÍTULO XIX. *De los ejercicios del hombre religioso*

1. La vida de un cristiano debe estar adornada con todas las virtudes, para que sea por dentro lo que exteriormente parece a los hombres. Y en verdad debe ser aún mejor por dentro que por fuera, porque Dios discierne nuestro corazón, y debemos reverenciarlo con todo nuestro corazón dondequiera que estemos, y andar puros en su presencia como lo hacen los ángeles. Debemos renovar diariamente nuestros votos, y encender nuestros corazones al celo, como si cada día fuera el primer día de nuestra conversión, y decir: "¡Ayúdame, oh Dios, en mis buenos propósitos, y en tu santo servicio, y concédeme que hoy sea un buen comienzo, pues hasta ahora no he hecho nada!"

2. Según nuestra resolución, así será el ritmo de nuestro progreso, y se necesita mucha diligencia para el que quiera hacer un buen progreso. Porque si el que se resuelve con valentía a menudo se queda corto, ¿cómo será el que se resuelve poco o débilmente? A pesar de que múltiples causas provocan el abandono de nuestra resolución, una omisión trivial de los santos ejercicios difícilmente puede hacerse sin que se produzca alguna pérdida para nosotros. La resolución de los justos depende más de la gracia de Dios que de su propia sabiduría; porque en Él ponen siempre su confianza, sea lo que sea que tomen en sus manos. Porque el hombre propone, pero Dios dispone; y el camino del hombre no está en sí mismo (Jer 10:23).

3. Si a veces se omite un ejercicio santo por algún acto de piedad, o por alguna bondad fraterna, puede retomarse fácilmente después; pero si se descuida por disgusto o pereza, entonces es pecado, y el mal se hará sentir. Por mucho que nos esforcemos, nos quedaremos cortos en muchas cosas. Siempre debemos tomar alguna resolución clara; y, sobre todo, debemos luchar contra los pecados que más fácilmente nos acosan. Tanto nuestra vida exterior como la interior deben ser examinadas y gobernadas estrictamente por nosotros, porque ambas tienen que ver con nuestro progreso.

4. Si no puedes estar siempre examinándote, puedes hacerlo en ciertos momentos, por lo menos dos veces al día, por la noche y por la mañana. Por la mañana haz tus propósitos, y por la tarde examina tu vida, cómo te has comportado hoy de palabra, de obra y de

pensamiento; porque de esta manera has ofendido muchas veces a Dios y a tu prójimo. Ciñe tus leones como un hombre contra los asaltos del diablo; refrena tu apetito, y pronto podrás refrenar toda inclinación de la carne. Nunca dejes de hacer algo; lee, escribe, reza, medita o haz algo que sea útil para la comunidad. Los ejercicios corporales, sin embargo, deben ser emprendidos con discreción, y no deben ser realizados por todos por igual.

5. Los deberes que no son comunes a todos no deben hacerse abiertamente, sino que es más seguro realizarlos con discreción. Pero cuida de no ser descuidado en los deberes comunes, y más devoto en los privados; antes bien, cumple fiel y honestamente los deberes y mandatos que te corresponden, y después, si aún tienes tiempo libre, entrégate a lo que te lleve tu devoción. Todos no pueden tener un mismo ejercicio, sino que uno conviene más a este hombre y otro a aquel. Incluso para la diversidad de estaciones se necesitan diferentes ejercicios, algunos se adaptan mejor a las fiestas, otros a los ayunos. Necesitamos un tipo en tiempo de tentaciones y otros en tiempo de paz y tranquilidad. Unos convienen a nuestros tiempos de tristeza, y otros cuando estamos alegres en el Señor.

6. Cuando nos acercamos al tiempo de las grandes fiestas, hay que renovar los buenos ejercicios y pedir con más fervor las oraciones de los hombres santos. Debemos hacer nuestros propósitos de una fiesta a otra, como si cada una fuera el período de nuestra salida de este mundo, y de la entrada en la fiesta eterna. Así, debemos prepararnos seriamente en las épocas solemnes, y con mayor solemnidad vivir, y velar más rectamente en cada santa observancia, como si fuéramos a recibir pronto la recompensa de nuestros trabajos de la mano de Dios.

7. Y si esto se difiere, creamos que aún estamos mal preparados y que no somos dignos de la gloria que se revelará en nosotros en el momento señalado; y analicemos cómo prepararnos mejor para nuestro fin. Bienaventurado el siervo, como dice el evangelista Lucas, al que, cuando venga el Señor, encuentre velando. En verdad os digo que lo hará gobernar sobre todos sus bienes (Lc 12:43-44).

CAPÍTULO XX. *Del amor a la soledad y al silencio*

1. Busca un tiempo adecuado para tu meditación, y piensa frecuentemente en las misericordias de Dios hacia ti. Deja las preguntas curiosas. Estudia los asuntos que te traigan dolor por el pecado más que los que te sirvan de recreo. Si te alejas de las conversaciones triviales y de los paseos ociosos, así como de las novedades y los chismes, encontrarás tu tiempo suficiente y apto para una buena meditación. Los más grandes santos solían evitar, en la medida de lo posible, la compañía de los hombres, y preferían vivir su vida en la intimidad con Dios.

2. Uno de ellos dijo: "Todas las veces que he ido entre los hombres, todas las veces he vuelto menos hombre". Esto es lo que experimentamos a menudo cuando hemos estado mucho tiempo en una conversación. Porque es más fácil callar del todo que no excederse en la palabra. Es más fácil permanecer oculto en casa que mantener una guardia suficiente sobre uno mismo fuera de ella. Por lo tanto, el que busca alcanzar lo que está escondido y es espiritual, debe ir con Jesús "aparte de la multitud". Ningún hombre va con seguridad al exterior que no ame descansar en casa. Ningún hombre habla con

seguridad sino el que ama callar. Ningún hombre gobierna con seguridad sino el que ama estar sujeto. Ningún hombre manda con seguridad sino el que ama obedecer.

3. Ningún hombre se alegra con seguridad sino el que tiene el testimonio de una buena conciencia en su interior. La audacia de los santos estaba siempre llena del temor de Dios. Tampoco eran menos sinceros y humildes consigo mismos, porque brillaban con grandes virtudes y gracia. Pero la audacia de los hombres malvados surge del orgullo y la presunción, y al final se convierte en su propia confusión. Nunca te prometas seguridad en esta vida, por muy buen monje o devoto solitario que parezcas.

4. A menudo, los que gozan de la mayor estima de los hombres, caen más gravemente a causa de su excesiva confianza. Por lo tanto, es muy provechoso para muchos que no se queden sin tentaciones internas, sino que sean asaltados con frecuencia, para que no se confíen demasiado, para que no se ensoberbezcan, o para que no se apoyen demasiado en los consuelos del mundo. ¡Oh, qué buena conciencia debería conservar aquel hombre que nunca buscó un gozo que pasa, que nunca se enredó con el mundo! ¡Oh, qué gran paz y tranquilidad debería poseer el que se despojara de toda vana preocupación, y sólo pensara en las cosas sanas y divinas, y construyera toda su esperanza en Dios!

5. Nadie es digno de la consolación celestial sino quien se ha ejercitado diligentemente en la santa compunción. Si quieres sentir compunción dentro de tu corazón, entra en tu habitación y aparta los tumultos del mundo, como está escrito: Comulga con tu propio corazón en tu propia habitación y estate sereno (Sal 4:4). En el retiro encontrarás lo que a menudo perderás en el exterior. El retiro, si continúas en él, se vuelve dulce, pero si no te mantienes en él, engendra cansancio. Si al principio de tu conversación te mantienes en él y lo conservas bien, después será para ti un amigo querido y un alivio muy agradable.

6. El alma devota avanza en el silencio y la tranquilidad y aprende las cosas ocultas de las Escrituras. Allí encuentra un manantial de lágrimas, donde lavarse y limpiarse cada noche, para crecer más en el amor a su Creador a medida que se aleja de toda distracción mundana. Al que se aleja de sus conocidos y amigos, Dios se acercará con sus santos ángeles. Es mejor ser desconocido y cuidarse a sí mismo que descuidarse y hacer maravillas. Es loable que un hombre religioso salga poco al exterior, que huya de ser visto, que no tenga deseos de ver a los hombres.

7. ¿Por qué quieres ver lo que no puedes tener? El mundo pasa y sus deseos. Los deseos de la sensualidad te atraen, pero cuando pasa una hora, ¿qué traes a casa, sino un peso sobre tu conciencia y la distracción de tu corazón? Una salida alegre trae a menudo un regreso triste, y una tarde alegre hace una mañana triste... Así, todo gozo carnal comienza agradablemente, pero al final carcome y destruye. ¿Qué puedes ver en el exterior que no veas en casa? Contempla el cielo y la tierra y los elementos, pues de ellos están hechas todas las cosas.

8. ¿Qué puedes ver en cualquier lugar que pueda permanecer mucho tiempo bajo el sol? Tal vez creas que estarás satisfecho, pero nunca podrás lograrlo. Si vieras todas las cosas ante ti de una vez, ¿qué sería sino una visión vana? Alza tus ojos a Dios en lo alto, y reza para que tus pecados y negligencias sean perdonados. Deja las cosas vanas a los hombres vanos, y ocúpate de las cosas que Dios te ha ordenado. Cierra tu puerta y llama a Jesús,

tu amado. Quédate con Él en tu habitación, pues no encontrarás en otra parte una paz tan grande. Si no salieras ni escucharas las vanas habladurías, mejor sería para ti el mantenerte en buena paz. Pero como a veces te deleita oír cosas nuevas, debes sufrir por ello la angustia del corazón.

CAPÍTULO XXI. *De la compunción del corazón*

Si quieres hacer algún progreso, mantente en el temor de Dios, y no anheles ser demasiado libre, sino refrena todos tus sentidos bajo la disciplina y no te entregues a la alegría sin sentido. Entrégate a la compunción de corazón y encontrarás la devoción. La compunción abre el camino a muchas cosas buenas, que la disolución suele perder rápidamente. Es maravilloso que un hombre pueda alegrarse de corazón en esta vida si considera y sopesa su destierro y los múltiples peligros que acechan a su alma.

2. Por la ligereza del corazón y la negligencia de nuestros defectos no sentimos las penas de nuestra alma, sino que a menudo nos reímos en vano cuando tenemos una buena causa para llorar. No hay verdadera libertad ni verdadera alegría, sino en el temor de Dios con una buena conciencia. Dichoso el que puede desechar toda causa de distracción y se entrega al único propósito de la santa compunción. Dichoso el que aparta de sí todo lo que pueda manchar o agobiar su conciencia. Esfuérzate con ahínco; la costumbre es vencida por la costumbre. Si sabes dejar en paz a los hombres, con gusto te dejarán hacer tus propias obras.

3. No te ocupes de los asuntos de los demás, ni te enredes en los negocios de los grandes. Ten siempre la vista puesta en ti mismo en primer lugar, y aconséjate especialmente a ti mismo antes que a todos tus amigos más queridos. Si no tienes el favor de los hombres, no te sientas abatido por ello, sino que tu preocupación sea que no te mantengas tan bien y circunspecto, como corresponde a un siervo de Dios y a un monje devoto. A menudo es mejor y más seguro para un hombre no tener muchas comodidades en esta vida, especialmente las que se refieren a la carne. Pero el que carezcamos de consuelos divinos o los sintamos raramente es culpa nuestra, porque no buscamos la compunción del corazón, ni desechamos del todo los consuelos que son vanos y mundanos.

4. Reconócete indigno de la consolación divina, y más bien digno de mucha tribulación. Cuando un hombre tiene una compunción perfecta, entonces todo el mundo es pesado y amargo para él. Un hombre bueno encontrará suficientes motivos para lamentarse y llorar; pues tanto si se considera a sí mismo como si reflexiona sobre su prójimo, sabe que nadie vive aquí sin tribulación, y cuanto más se considera a sí mismo, más se aflige. Hay motivos de justa pena y compunción interior en nuestros pecados y vicios, en los que estamos tan enredados que rara vez somos capaces de contemplar las cosas celestiales.

5. Si pensaras en tu muerte más a menudo que en la duración de tu vida, sin duda te esforzarías más en mejorar. Y si consideraras seriamente las futuras penas del infierno, creo que soportarías de buen grado el trabajo o el dolor y no temerías la disciplina. Pero como estas cosas no llegan al corazón, y seguimos amando las cosas agradables, por eso permanecemos fríos y miserablemente indiferentes.

6. A menudo es por la pobreza de espíritu por lo que el miserable cuerpo se queja tan fácilmente. Ruega, pues, humildemente al Señor que te dé el espíritu de compunción y di como el profeta: Aliméntame, Señor, con pan de lágrimas, y dame de beber abundantes lágrimas (Sal 85:5).

CAPÍTULO XXII. *Sobre la contemplación de la miseria humana*

1. Eres miserable dondequiera que estés, y dondequiera que te dirijas, a menos que te dirijas a Dios. ¿Por qué te inquietas porque no te sucede según tus deseos y anhelos? ¿Quién es el que tiene todo según su voluntad? Ni yo, ni tú, ni ningún hombre sobre la tierra. No hay hombre en el mundo que esté libre de problemas o angustias, aunque sea Rey o Papa. ¿Quién es el que tiene la suerte más feliz? También el que es fuerte para sufrir algo por Dios.

2. Hay muchos hombres necios e inestables que dicen: "Mira qué vida tan próspera tiene ese hombre, qué rico y qué grande es, qué poderoso, qué exaltado". Pero levanta tus ojos a los bienes del cielo, y verás que todas estas cosas mundanas no son nada, son totalmente inciertas, sí, son fastidiosas, porque nunca se poseen sin cuidado y temor. La felicidad del hombre no reside en la abundancia de las cosas temporales, sino que le basta con una porción moderada. Nuestra vida en la tierra es verdaderamente una miseria. Cuanto más desea el hombre ser espiritual, más amarga le resulta la vida presente, porque comprende y ve mejor los defectos de la corrupción humana. Porque comer, beber, velar, dormir, descansar, trabajar y estar sujeto a las demás necesidades de la naturaleza, es verdaderamente una gran desdicha y aflicción para un hombre devoto, que desearía estar liberado y libre de todo pecado.

3. Porque el hombre interior está muy cargado con las necesidades del cuerpo en este mundo. Por eso el profeta ruega devotamente que se le libere de ellas, diciendo: Líbrame de mis necesidades, Señor (Sal 25:17). Pero ay de los que no conocen su propia miseria, y aún más de los que aman esta vida miserable y corruptible. Porque algunos se aferran tanto a ella (aunque trabajando o mendigando apenas consiguen lo necesario para subsistir), que si pudieran vivir siempre aquí, no les importaría nada el Reino de Dios.

4. Oh, los necios e infieles de corazón, que yacen enterrados tan profundamente en las cosas mundanas, que no disfrutan de nada más que de las cosas de la carne. Miserables, al final descubrirán tristemente cuán vil y sin valor era lo que amaban. Los santos de Dios y todos los amigos leales de Cristo no tenían en cuenta las cosas que agradaban a la carne, o las que florecían en esta vida, sino que toda su esperanza y su afecto aspiraban a las cosas de arriba. Todo su deseo se dirigía hacia arriba, hacia las cosas eternas e invisibles, para no ser arrastrados hacia abajo por el amor a las cosas visibles.

5. No pierdas, hermano, tu leal deseo de progresar hacia las cosas espirituales. Todavía hay tiempo, la hora no ha pasado. ¿Por qué aplazas tu resolución? Levántate, comienza en este mismo momento, y di: "Ahora es el momento de hacer: ahora es el momento de luchar, ahora es el momento apropiado para la enmienda". Cuando te encuentres mal y atribulado, entonces será el momento en que estarás más cerca de la bendición. Debes pasar por el fuego y el agua para que Dios te lleve a un lugar de prosperidad. A menos que te impongas a ti mismo, no vencerás tus faltas. Mientras llevemos con nosotros este

frágil cuerpo, no podemos estar sin pecado, no podemos vivir sin cansancio y problemas. De buena gana querríamos descansar de toda miseria; pero como por el pecado hemos perdido la inocencia, hemos perdido también la verdadera felicidad. Por lo tanto, debemos ser pacientes y esperar la misericordia de Dios, hasta que esta tiranía sea superada, y esta mortalidad sea absorbida por la vida.

6. Cuán grande es la fragilidad del hombre, que siempre es propenso al mal. Hoy confiesas tus pecados, y mañana vuelves a cometer los que confesaste. Ahora te propones evitar una falta, y al cabo de una hora te comportas como si nunca te lo hubieras propuesto. Por lo tanto, tenemos una buena razón para humillarnos y no tener nunca un buen concepto de nosotros mismos, ya que somos tan frágiles e inestables. Y pronto puede perderse por nuestra negligencia lo que con mucho trabajo apenas se alcanzó por la gracia.

7. ¿Qué será de nosotros al final, si al principio somos tibios y ociosos? Ay de nosotros, si elegimos descansar, como si fuera un tiempo de paz y seguridad, mientras todavía no aparece en nuestra vida ninguna señal de verdadera santidad. Más bien necesitamos comenzar de nuevo, como buenos novatos, para ser instruidos en el camino de la vida buena, por si acaso hay esperanza de alguna enmienda futura y de un mayor crecimiento espiritual.

CAPÍTULO XXIII. *De las meditaciones sobre la muerte*

1. Muy pronto se acabará tu vida aquí; presta atención, pues, a cómo será tu vida en el otro mundo. Hoy el hombre es, y mañana ya no será visto. Y al desaparecer de la vista, rápidamente también desaparece de la mente. Oh, la dulzura y la dureza del corazón del hombre, que sólo piensa en el presente y no mira hacia el futuro. Deberías ordenarte en cada acto y pensamiento como si fueras a morir hoy. Si tuvieras una buena conciencia, no temerías mucho a la muerte. Más te valdría velar por el pecado, que huir de la muerte. Si hoy no estás preparado, ¿cómo vas a estarlo mañana? Mañana es un día incierto; ¿y cómo sabes que tendrás un mañana?

2. ¿De qué sirve vivir mucho, si nos enmendamos tan poco? Ah, la vida larga no siempre enmienda, sino que a menudo aumenta la culpa. ¡Oh, si pudiéramos pasar un solo día en este mundo como se debe pasar! Hay muchos que cuentan los años desde que se convirtieron, y sin embargo, a menudo, qué poco es el fruto de ello. Si es una cosa temible morir, puede ser una cosa aún más temible vivir mucho tiempo. Dichoso el hombre que tiene siempre ante sus ojos la hora de su muerte, y se prepara diariamente para morir. Si alguna vez has visto morir a alguien, considera que tú también morirás del mismo modo.

3. Al amanecer, piensa que tal vez no verás la tarde, y al anochecer no te atrevas a presumir del día siguiente. Prepárate siempre, y vive de tal manera que la muerte nunca te encuentre desprevenido. Muchos mueren repentina e inesperadamente. Porque a la hora que no pensáis, vendrá el Hijo del Hombre (Mt 24:44). Cuando llegue esa última hora, empezarás a pensar de manera muy diferente en toda tu vida pasada, y te lamentarás amargamente por haber sido tan negligente y perezoso.

4. Dichoso y sabio el que ahora se esfuerza por ser en la vida como le gustaría ser encontrado en la muerte. Porque el perfecto desprecio del mundo, el deseo ferviente de sobresalir en la virtud, el amor a la disciplina, el dolor en el arrepentimiento, la disposición a obedecer, la negación de sí mismo, la sumisión a cualquier adversidad por amor a Cristo, son las cosas que darán gran confianza a una muerte feliz. Mientras estés sano, tendrás muchas oportunidades de hacer buenas obras; pero cuando estés enfermo, no sé cuánto podrás hacer. Pocos son los que se perfeccionan con la enfermedad, así como rara vez se hacen santos los que andan mucho por ahí.

5. No confíes en tus amigos y parientes, ni dejes para el futuro la obra de tu salvación, porque los hombres te olvidarán antes de lo que piensas. Es mejor que ahora proveas a tiempo, y que envíes algún bien delante de ti, que confiar en la ayuda de los demás. Si no te preocupas por ti ahora, ¿quién crees que se preocupará por ti después? Ahora el tiempo es más precioso. Ahora es el tiempo aceptado, ahora es el día de la salvación. Pero ¡ay! si no empleas bien este tiempo, en el que podrías acumular un tesoro que te beneficiara eternamente. Llegará la hora en que desearás un día, sí, una hora, para la enmienda de la vida, y no sé si la obtendrás.

6. ¡Oh, querido mío, de qué peligro podrías librarte, de qué gran temor, si tan sólo vivieras siempre en el temor y en la expectativa de la muerte! Esfuérzate ahora por vivir de tal manera que en la hora de la muerte te regocijes en vez de temer. Aprende ahora a morir al mundo, así comenzarás a vivir con Cristo. Aprende ahora a despreciar todas las cosas terrenales, y entonces podrás ir libremente a Cristo. Guarda tu cuerpo con la penitencia, y entonces podrás tener una confianza segura.

7. Ah, insensato, ¿por qué crees que vivirás mucho tiempo, cuando no estás seguro de un solo día? ¡Cuántos han sido engañados, y de repente han sido arrebatados del cuerpo! Cuántas veces oíste cómo uno fue muerto por la espada, otro se ahogó, otro cayendo de lo alto se rompió el cuello, otro murió en la mesa, otro mientras jugaba. Uno murió por el fuego, otro por la espada, otro por la peste, otro por el ladrón. Así llega la muerte a todos, y la vida de los hombres pasa rápidamente como una sombra.

8. ¿Quién se acordará de ti después de tu muerte? ¿Y quién rogará por ti? Trabaja, trabaja ahora, oh querido, trabaja todo lo que puedas. Porque no sabes cuándo morirás, ni lo que te sucederá después de la muerte. Mientras tengas tiempo, acumula para ti riquezas imperecederas. No pienses en nada más que en tu salvación; preocúpate sólo de las cosas de Dios. Hazte amigos, venerando a los santos de Dios y caminando sobre sus pasos, para que cuando faltes, seas recibido en las moradas eternas (Lc 16:9).

9. Mantente como un extranjero y un peregrino en la tierra, para quien no le pertenecen las cosas del mundo. Mantén tu corazón libre y elevado hacia Dios, porque aquí no tenemos ciudad permanente (Hebr 13:14). A Él dirige tus oraciones diarias con llanto y lágrimas, para que tu espíritu sea encontrado digno de pasar felizmente después de la muerte a su Señor. Amén.

CAPÍTULO XXIV. *Del juicio y del castigo de los impíos*

1. En todo lo que hagas, acuérdate del fin, y de cómo estarás ante un juez estricto, al que nada se le oculta, que no se deja sobornar con dádivas, ni acepta excusas, sino que

juzgará con justicia. Oh miserable y necio pecador, que a veces temes el rostro de un hombre enojado, ¿qué responderás a Dios, que conoce todas tus fechorías? ¿Por qué no te preparas para el día del juicio, cuando nadie podrá ser excusado o defendido por medio de otro, sino que cada uno llevará su carga por sí mismo? Ahora tu trabajo da fruto, ahora tu llanto es aceptable, tu gemido es escuchado, tu dolor es agradable a Dios y limpia tu alma.

2. Incluso aquí en la tierra el hombre paciente encuentra una gran ocasión para purificar su alma. Cuando sufre injurias, y se aflige más por la malicia del otro que por su propia injuria; cuando ora de corazón por los que le ultrajan, y los perdona de corazón; cuando no tarda en pedir perdón a los demás; cuando es más rápido para compadecerse que para enojarse; cuando se niega a sí mismo con frecuencia y se esfuerza por someter la carne al espíritu. Mejor es ahora purificar el alma del pecado, que aferrarse a los pecados de los que deberemos purgarnos más adelante. En verdad nos engañamos a nosotros mismos por el amor desmesurado que tenemos hacia la carne.

3. ¿Qué es lo que el fuego devorará, sino tus pecados? Cuanto más te ahorres y sigas a la carne, más pesado será tu castigo, y más combustible estarás acumulando para el fuego. Porque donde el hombre peca, allí será más castigado. Allí los perezosos serán aguijoneados con aguijones ardientes, y los glotones serán atormentados con hambre y sed intolerables. Allí los lujuriosos y los amantes de los placeres serán sumergidos en brea ardiente y en azufre hediondo, y los envidiosos aullarán como perros rabiosos por la propia pena.

4. No habrá pecado que no reciba su propio castigo. Los soberbios se llenarán de una confusión absoluta, y los codiciosos se verán afectados por una pobreza miserable. Una hora de dolor allí será más penosa que cien años aquí de la más amarga penitencia. No habrá tranquilidad allí, ni consuelo para los perdidos, aunque aquí a veces hay un respiro del dolor, y el disfrute del consuelo de los amigos. Preocúpate ahora y apénate por tus pecados, para que en el día del juicio tengas confianza con los bienaventurados. Porque entonces el justo se presentará con gran valor ante los que le han afligido y no han tenido en cuenta sus trabajos (Sab 5:1). Entonces se levantará para juzgar aquel que ahora se somete con humildad a los juicios de los hombres. Entonces el hombre pobre y humilde tendrá gran seguridad, mientras que el soberbio será presa del temor por todas partes.

5. Entonces se verá que fue el sabio de este mundo el que aprendió a ser necio y despreciado por Cristo. Entonces toda tribulación soportada pacientemente nos deleitará, mientras que la boca de los impíos será tapada. Entonces todo hombre piadoso se alegrará, y todo hombre profano se lamentará. Entonces la carne afligida se regocijará más que si hubiera sido alimentada siempre con delicias. Entonces el vestido humilde se revestirá de belleza, y el manto precioso se ocultará como vil. Entonces, la pequeña y pobre cabaña será más alabada que el palacio dorado. Entonces la paciencia duradera tendrá más fuerza que todo el poder del mundo. Entonces la simple obediencia será más exaltada que toda la sabiduría mundana.

6. La conciencia pura y buena será más feliz que la filosofía erudita. El desprecio de las riquezas tendrá más peso que todos los tesoros de los hijos de este mundo. Entonces encontrarás más consuelo en haber orado devotamente que en haber tenido una vida

suntuosa. Entonces te alegrarás más de haber guardado silencio que de haber hablado largamente. Entonces las obras santas serán mucho más fuertes que muchas palabras bonitas. Entonces una vida estricta y una penitencia sincera traerán un placer más profundo que todo deleite terrenal. Aprende ahora a sufrir un poco, para que luego puedas librarte de sufrimientos mayores. Prueba primero aquí lo que eres capaz de soportar en el futuro. Si ahora eres capaz de soportar tan poco, ¿cómo podrás soportar los tormentos eternos? Si ahora un pequeño sufrimiento te impacienta tanto, ¿qué hará entonces el fuego del infierno? Mira que no puedes tener dos Paraísos, para saciarte o deleitarte aquí en este mundo, y para reinar con Cristo en el más allá.

7. Si hasta hoy hubieras vivido con honores y placeres, ¿de qué te serviría todo eso si ahora te llegara la muerte en un instante? Todo es, pues, vanidad, salvo amar a Dios y servirle sólo a él. Porque el que ama a Dios con todo su corazón no teme la muerte, ni el castigo, ni el juicio, ni el infierno, porque el amor perfecto da acceso seguro a Dios. Pero el que todavía se deleita en el pecado, no es de extrañar que tenga miedo de la muerte y del juicio. Sin embargo, es bueno que, si el amor aún no puede refrenarte del mal, al menos te retenga el temor al infierno. Pero el que deja de lado el temor de Dios no puede permanecer mucho tiempo en el bien, sino que pronto caerá en las trampas del diablo.

CAPÍTULO XXV. *De la celosa enmienda de toda nuestra vida*

1. Vigila y sé diligente en el servicio de Dios, y recuerda a menudo por qué has renunciado al mundo. ¿No fue para que vivieras para Dios y te convirtieras en un hombre espiritual? Sé, pues, celoso de tu provecho espiritual, porque pronto recibirás la recompensa de tus trabajos, y ni el temor ni la tristeza entrarán ya en tus fronteras. Ahora trabajarás un poco, y encontrarás un gran descanso, sí, un gozo eterno. Si te mantienes fiel y celoso en el trabajo, no dudes que Dios será fiel y generoso en recompensarte. Es tu deber tener una buena esperanza de que alcanzarás la victoria, pero no debes caer en la seguridad, no sea que te vuelvas perezoso o altivo.

2. Cierto hombre que se encontraba en una situación de angustia, continuamente sacudido entre la esperanza y el temor, y que cierto día estaba abrumado por la pena, se postró en oración ante el altar de una iglesia, y meditó en su interior diciendo: "¡Oh! si supiera que aún debo perseverar", y al momento oyó en su interior una voz de Dios: "Y si lo supieras, ¿qué harías? Haz ahora lo que harías entonces, y estarás muy seguro". Y en seguida, consolado y fortalecido, se encomendó a la voluntad de Dios, y cesó la turbación de su espíritu, y ya no tuvo ánimo de escudriñar curiosamente para saber lo que había de sucederle en lo sucesivo, sino que procuró más bien indagar cuál era la buena y agradable voluntad de Dios, como principio y perfección de toda buena obra.

3. Espera en el Señor y haz el bien, dice el Profeta; habita en la tierra y serás alimentado (sal 37:3) con sus riquezas. Hay una cosa que detiene a muchos en el progreso y la enmienda ferviente: el temor a las dificultades o el trabajo del combate. Sin embargo, avanzan por encima de todos los demás en la virtud los que se esfuerzan varonilmente por vencer las cosas más penosas y contrarias a ellos, pues allí donde más se vence y se mortifica el espíritu, más provecho saca el hombre y más gracia merece.

4. Pero no todos los hombres tienen las mismas pasiones que vencer y mortificar; sin embargo, el que es diligente obtendrá más provecho, aunque tenga pasiones más fuertes, que otro que tiene una disposición más templada, pero que es menos ferviente en la búsqueda de la virtud. Dos cosas son especialmente útiles para mejorar en la santidad, a saber, la firmeza para apartarnos del pecado al que por naturaleza estamos más inclinados, y el celo sincero por el bien del que estamos más faltos. Y esfuérzate también muy seriamente por evitar y dominar las faltas que más te desagradan en los demás.

5. Recoge algo de provecho para tu alma dondequiera que estés, y dondequiera que veas u oigas buenos ejemplos, esfuérzate por seguirlos, pero donde veas algo que sea censurable, cuídate de no hacer lo mismo; o si en algún momento lo has hecho, esfuérzate por enmendarte rápidamente. Así como tus ojos observan a los demás, así también los ojos de los demás están sobre ti. Qué dulce y agradable es ver a los hermanos celosos y piadosos, templados y de buena disciplina; y qué triste y penoso es verlos andar desordenadamente, sin practicar los deberes a los que son llamados. Cuán perjudicial es que descuiden el propósito de su vocación, y vuelvan sus inclinaciones a cosas que no son de su incumbencia.

6. Ten presente los deberes que has asumido, y pon siempre ante ti el recuerdo del Crucificado. En verdad deberías avergonzarte al mirar la vida de Jesucristo, porque aún no te has esforzado por conformarte más a Él, aunque llevas mucho tiempo en el camino de Dios. El hombre religioso que se ejercita seria y devotamente en la santísima vida y pasión de nuestro Señor, encontrará en ella abundantemente todas las cosas que le son provechosas y necesarias, y no hay necesidad de que busque nada mejor fuera de Jesús. Oh, si Jesús crucificado entrara en nuestros corazones, ¡cuán rápida y completamente habríamos aprendido todo lo que necesitamos saber!

7. El que es sincero recibe y soporta bien todas las cosas que vienen sobre él. El que es descuidado y tibio tiene problemas sobre problemas, y sufre angustia por todos lados, porque no tiene consuelo interior, y se le prohíbe buscar el exterior. El que vive sin disciplina está expuesto a una grave ruina. El que busca una disciplina más fácil y ligera, siempre estará en la angustia, porque una cosa u otra le dará disgustos.

8. Si no tuviéramos otro deber que alabar al Señor nuestro Dios con todo nuestro corazón y nuestra voz. Si nunca tuvieras necesidad de comer, beber o dormir, sino que pudieras alabar siempre a Dios y dedicarte sólo a los ejercicios espirituales, entonces serías mucho más feliz que ahora, cuando por tantas necesidades debes servir a la carne. Ojalá no existieran estas necesidades, sino sólo los refrigerios espirituales del alma, que, desgraciadamente, probamos muy pocas veces.

9. Cuando un hombre ha llegado a esto, y no busca consuelo en ninguna cosa creada, entonces comienza a disfrutar perfectamente de Dios, entonces también estará bien contento con cualquier cosa que le suceda. Entonces no se alegrará por lo mucho ni se entristecerá por lo poco, sino que se entregará por completo y con plena confianza a Dios, que es todo en todo para él, para quien nada perece ni muere, sino que todas las cosas viven para Él y obedecen sin demora a todas sus palabras.

10. Acuérdate siempre de tu fin, y de que el tiempo que se pierde no vuelve. Sin cuidado y diligencia nunca conseguirás la virtud. Si empiezas a enfriarte, empezará a irte mal, pero si te entregas al celo, encontrarás mucha paz, y tu trabajo será más ligero por la gracia de Dios y el amor a la virtud. Un hombre celoso y diligente está preparado para todo. Es mayor trabajo resistir a los pecados y a las pasiones que esforzarse en los trabajos corporales. El que no evita las faltas pequeñas cae poco a poco en las mayores. Al atardecer siempre te alegrarás si pasas el día con provecho. Cuida de ti mismo, revuélvete, adviértete, y sea como sea con los demás, no te descuides. Cuanta más violencia te hagas a ti mismo, más aprovecharás. Amén.

SEGUNDO LIBRO: CONSEJOS SOBRE LA VIDA INTERIOR

CAPÍTULO I. *De la vida interior*

1. El reino de Dios está dentro de ti (Lc 17:21), dice el Señor. Vuélvete con todo tu corazón al Señor y abandona este mundo miserable, y encontrarás descanso para tu alma. Aprende a despreciar las cosas exteriores y a dedicarte a las interiores, y verás que el reino de Dios llega a tu interior. Porque el reino de Dios es paz y alegría en el Espíritu Santo, y no se da a los impíos. Cristo vendrá a ti, y te mostrará su consuelo, si le preparas una mansión digna dentro de ti. Toda su gloria y belleza es de adentro, y allí le agrada morar. A menudo visita al hombre interior y mantiene con él una dulce conversación, dándole un consuelo apacible, mucha paz, una amistad sumamente maravillosa.

2. Ve, alma fiel, prepara tu corazón para este esposo, para que se digne venir a ti y habitar en ti, porque así dice: si alguno me ama, guardará mis palabras; y mi Padre le amará, y vendremos a él y haremos nuestra morada en él (Jn 14:23). Da, pues, lugar a Cristo y niega la entrada a todo lo demás. Cuando tienes a Cristo, eres rico y tienes todo lo que necesitas. Él será tu proveedor y vigilante fiel en todas las cosas, de modo que no tienes necesidad de confiar en los hombres, porque los hombres cambian pronto y pasan rápidamente, pero Cristo permanece para siempre y se mantiene firme junto a nosotros hasta el final.

3. No hay que confiar mucho en el hombre frágil y mortal, aunque nos sea útil y querido, ni debe surgir en nosotros mucha pena si a veces nos lleva la contraria y nos contradice. Los que hoy están de tu lado, mañana pueden estar en tu contra, y a menudo se vuelven como el viento. Pon toda tu confianza en Dios y deja que Él sea tu temor y tu amor, Él mismo responderá por ti, y hará por ti lo mejor. Aquí no tienes ciudad permanente (Hbr 13:14), y dondequiera que estés, eres extranjero y peregrino, y nunca tendrás descanso si no estás estrechamente unido a Cristo en tu interior.

4. ¿Por qué echas los ojos de un lado a otro, si no es éste el lugar de tu descanso? En el cielo debe estar tu morada, y todas las cosas terrenales deben ser miradas como si fueran pasajeras. Todas las cosas pasan y tú también con ellas. Cuida de no apegarte a ellas, no sea que te lleven con ellas y perezcas. Que tu contemplación esté en el Altísimo, y que tu súplica se dirija a Cristo sin cesar. Si no puedes contemplar las cosas altas y celestiales, descansa en la pasión de Cristo y habita de buen grado en sus sagradas heridas. Porque si vuelas devotamente a las heridas de Jesús, y a las preciosas señales de los clavos y de la lanza, hallarás gran consuelo en la tribulación, y los desaires de los hombres no te molestarán mucho, y soportarás fácilmente sus palabras poco amables.

5. También Cristo, cuando estaba en el mundo, fue despreciado y rechazado por los hombres, y en su mayor necesidad fue abandonado por sus conocidos y amigos para soportar aquellos vituperios. Cristo estuvo dispuesto a sufrir y ser despreciado, ¿y te atreves a quejarte de alguno? Cristo tuvo adversarios y detractores, ¿y tú deseas que todos los hombres sean tus amigos y benefactores? ¿De dónde sacará tu paciencia su corona si no te sucede ninguna adversidad? Si no estás dispuesto a sufrir ninguna

contrariedad, ¿cómo vas a ser amigo de Cristo? Sostente con Cristo y para Cristo si quieres reinar con Cristo.

6. Si alguna vez hubieras entrado en la mente de Jesús, y hubieras probado aunque sea un poco de su tierno amor, entonces no te preocuparías por tu propia conveniencia o inconveniencia, sino que más bien te alegrarías por las dificultades que se te presentaran, porque el amor de Jesús hace que el hombre se desprecie a sí mismo. El que ama a Jesús, y por dentro es sincero y está libre de afectos desmedidos, es capaz de volverse fácilmente hacia Dios, y de elevarse por encima de sí mismo en espíritu, y de disfrutar de una paz fructífera.

7. El que conoce las cosas como son y no como se dicen o parecen ser, es verdaderamente sabio, y es enseñado por Dios más que por los hombres. El que sabe caminar desde el interior, y da poco valor a las cosas externas, para mantener su relación con Dios no necesita lugares ni espera tiempos. El hombre interior se recoge rápidamente, porque nunca se entrega por completo a las cosas exteriores. Ningún trabajo externo ni ninguna ocupación necesaria se interponen en su camino, sino que, según los acontecimientos, se adapta a ellos. El que está bien dispuesto y ordenado por dentro no se preocupa por la conducta extraña y perversa de los hombres. El hombre se entorpece y se distrae en la medida en que se mueve por las cosas exteriores.

8. Si estuvieras bien, y te purificaras del mal, todas las cosas obrarían para tu bien y provecho. Por esta razón, muchas cosas te desagradan y a menudo te molestan, porque todavía no estás perfectamente muerto a ti mismo ni separado de todas las cosas terrenales. Nada ensucia y enreda tanto el corazón del hombre como el amor impuro hacia las cosas creadas. Si rechazas el consuelo exterior, podrás contemplar las cosas celestiales y alegrarte con frecuencia interiormente.

CAPÍTULO II. *De la humilde sumisión*

1. No hagas gran cuenta de quién está a favor o en contra de ti, sino piensa sólo en el deber presente y cuida de que Dios esté contigo en todo lo que hagas. Ten una buena conciencia y Dios te defenderá, pues a quien Dios ayuda, ninguna perversidad podrá dañar. Si sabes callar y sufrir, sin duda verás la ayuda del Señor. Él conoce el tiempo y el camino para librarte, por lo tanto debes resignarte a Él. A Dios le corresponde ayudar y liberar de toda confusión. Muchas veces es muy provechoso para mantenernos en mayor humildad, que los demás conozcan y reprendan nuestras faltas.

2. Cuando un hombre se humilla por sus defectos, entonces apacigua fácilmente a los demás y satisface rápidamente a los que están enojados contra él. Dios protege y libera al hombre humilde, ama y consuela al hombre sencillo, se inclina ante el humilde, le concede una gran gracia y, cuando está abatido, lo eleva a la gloria; al humilde le revela sus secretos y lo atrae e invita dulcemente hacia sí. El hombre humilde, habiendo recibido un reproche, permanece en calma, porque se apoya en Dios y no en el mundo. No consideres que te has beneficiado en nada, a menos que te sientas inferior a todos.

CAPÍTULO III. *Del hombre bueno y pacífico*

1. Primero mantente a ti mismo en paz, y entonces podrás ser pacificador de los demás. Un hombre pacífico hace más bien que un hombre culto. Un hombre apasionado

convierte incluso el bien en mal y cree fácilmente en el mal; un hombre bueno y pacífico convierte todas las cosas en bien. El que vive en paz no sospecha de nadie, pero el que está descontento e inquieto se ve sacudido por muchas sospechas, y ni está tranquilo él mismo ni permite que otros estén tranquilos. A menudo dice lo que no debe decir, y omite lo que más le conviene hacer. Considera a qué deberes están obligados los demás, y descuida aquellos a los que él mismo está obligado. Por lo tanto, sé celoso primero de ti mismo, y entonces podrás ser justamente celoso de tu prójimo.

2. Sabes bien cómo excusar y matizar tus propios actos, pero no aceptas las excusas de los demás. Sería más justo acusarte a ti mismo y excusar a tu hermano. Si quieres que los demás te soporten, soporta tú a los demás. Mira qué lejos estás todavía de la verdadera caridad y humildad que no sabe enojarse ni indignarse contra nadie más que contra sí mismo. No es gran cosa mezclarse con los buenos y mansos, pues esto es naturalmente agradable a todos, y cada uno de nosotros goza de buena gana de la paz y gusta más de los que piensan como nosotros; pero ser capaz de vivir pacíficamente con los duros y perversos, o con los desordenados, o con los que se oponen a nosotros, esto es una gran gracia y una cosa muy digna de elogio y muy digna de un hombre.

3. Hay quienes se mantienen en paz y mantienen la paz también con los demás, y hay quienes ni tienen paz ni permiten que los demás tengan paz; son molestos para los demás, pero siempre más molestos para ellos mismos. Y hay quienes se mantienen en paz y procuran llevar a los demás a la paz; sin embargo, toda nuestra paz en esta triste vida radica en el sufrimiento humilde más que en no sentir las adversidades. El que mejor sepa sufrir será el que más paz posea; ese hombre es vencedor de sí mismo y señor del mundo, amigo de Cristo y heredero del cielo.

CAPÍTULO IV. *De la mente pura y la intención sencilla*

1. Por dos alas se eleva el hombre por encima de las cosas terrenales, por la sencillez y la pureza. La simplicidad debe estar en la intención, la pureza en el afecto. La sencillez alcanza a Dios, la pureza lo aprehende y lo saborea. Ninguna acción buena te resultará desagradable si estás libre por dentro de afectos desmedidos. Si no persigues y buscas más que la voluntad de Dios y el beneficio de tu prójimo, disfrutarás enteramente de la libertad interior. Si tu corazón fuera recto, toda criatura sería un espejo para la vida y un libro de santa doctrina. No hay criatura tan pequeña y vil que no nos muestre la bondad de Dios.

2. Si fueras bueno y puro por dentro, entonces mirarías todas las cosas sin daño y las entenderías correctamente. Un corazón puro ve las profundidades del cielo y del infierno. Según es cada uno por dentro, así juzga por fuera. Si hay alguna alegría en el mundo, ciertamente el hombre de corazón puro la posee, y si en alguna parte hay tribulación y angustia, la mala conciencia la conoce mejor. Así como el hierro echado al fuego pierde la herrumbre y se vuelve totalmente brillante, así el hombre que se vuelve totalmente a Dios se libera de la pereza y se convierte en un hombre nuevo.

3. Cuando un hombre comienza a volverse tibio, entonces teme un poco de trabajo, y acepta de buen grado el consuelo exterior; pero cuando comienza a conquistarse

perfectamente a sí mismo y a caminar varonilmente en el camino de Dios, entonces considera insignificantes las cosas que antes le parecían tan penosas.

CAPÍTULO V. *De la autoestima*

1. No podemos tener demasiada confianza en nosotros mismos, porque a menudo nos faltan la gracia y el entendimiento. Hay poca luz en nuestro interior, y lo que tenemos lo perdemos rápidamente por negligencia. A menudo no percibimos cuán grande es nuestra ceguera interior. A menudo hacemos el mal y lo excusamos peor. A veces nos mueve la pasión y la consideramos celo; culpamos de pequeñas faltas a los demás y pasamos por alto grandes faltas en nosotros mismos. Con bastante rapidez sentimos y calculamos lo que soportamos de los demás, pero no reflexionamos sobre lo que otros soportan de nosotros. El que pesara bien y con razón sus propias acciones no será el hombre que juzgue severamente a otro.

2. El hombre de mente espiritual antepone el cuidado de sí mismo a todas las preocupaciones; y el que se ocupa diligentemente de sí mismo, fácilmente guarda silencio respecto a los demás. Nunca serás de mente espiritual y piadosa a menos que guardes silencio respecto a los asuntos de los demás y te ocupes plenamente de ti mismo. Si piensas enteramente en ti mismo y en Dios, lo que veas fuera te conmoverá poco. ¿Dónde estás cuando no estás presente en ti mismo? y cuando has dominado todas las cosas, ¿de qué te ha servido descuidarte a ti mismo? Si quieres tener paz y verdadera unidad, debes dejar de lado todas las demás cosas, y mirarte sólo a ti mismo.

3. Harás un gran progreso si te mantienes libre de todo cuidado temporal. Lamentablemente caerás si le das valor a cualquier cosa mundana. Que nada sea grande, nada elevado, nada agradable, nada aceptable para ti, sino Dios mismo o las cosas de Dios. Considera como totalmente vano cualquier consuelo que te venga de una criatura. El alma que ama a Dios no mira nada que esté por debajo de Dios. Sólo Dios es eterno e insondable, llena todas las cosas, es el consuelo del alma y la verdadera alegría del corazón.

CAPÍTULO VI. *De la alegría de la buena conciencia*

1. El testimonio de una buena conciencia es la gloria de un hombre bueno. Ten una buena conciencia y tendrás siempre alegría. Una buena conciencia es capaz de soportar mucho, y permanece muy alegre en medio de las adversidades; una mala conciencia es siempre temerosa e inquieta. Descansarás dulcemente si tu corazón no te condena. Nunca te regocijes sino cuando hayas hecho algo bueno. Los malvados nunca tienen verdadera alegría, ni sienten paz interior, porque no hay paz, dice mi Dios, para los malvados (Is 57:21). Y si dicen "estamos en paz, no nos sucederá ningún mal, ¿y quién se atreverá a hacernos daño?" no les creas, porque de repente se levantará contra ellos la ira de Dios, y sus obras serán desechadas, y sus pensamientos perecerán.

2. El gloriarse en la tribulación no es penoso para el que ama; porque tal gloriarse es gloriarse en la cruz de Cristo. Breve es la gloria que se da y se recibe de los hombres. La tristeza siempre va de la mano de la gloria del mundo. La gloria de los buenos está en su conciencia, y no en el dictamen de los hombres. La alegría de los rectos viene de Dios y

está en Dios, y su alegría está en la verdad. El que desea la gloria verdadera y eterna no se preocupa por lo que es temporal; y el que busca la gloria temporal, y la subestima en su corazón, demuestra tener poco amor por lo que es celestial. El que no se preocupa ni de las alabanzas ni de los reproches tiene una gran tranquilidad de corazón.

3. Aquel cuya conciencia es pura se sentirá fácilmente satisfecho y lleno de paz. No eres más santo si te alaban, ni más vil si te reprochan. Eres lo que eres; y no puedes ser mejor de lo que Dios te declara. Si consideras bien lo que eres por dentro, no te importará lo que los hombres digan de ti. El hombre mira la apariencia externa, pero el Señor mira el corazón (1Sam 16:7); el hombre mira la obra, pero Dios considera la intención. Es señal de un espíritu humilde hacer siempre el bien, y poner poco por su cuenta. No buscar consuelo en ninguna cosa creada es señal de gran pureza y fidelidad interior.

4. El que no busca ningún testimonio exterior en su propio favor, muestra claramente que se ha encomendado enteramente a Dios. Porque no es aprobado el que se encomienda a sí mismo, como dice San Pablo, sino el que encomienda el Señor (2Cor 10:18). Caminar interiormente con Dios, y no estar sujeto a ningún afecto exterior, es el estado del hombre espiritual.

CAPÍTULO VII. *Del amor a Jesús sobre todas las cosas*

1. Bienaventurado el que comprende lo que es amar a Jesús y despreciarse a sí mismo por causa de Jesús. Deberá renunciar a todo lo que ama por su Amado, pues sólo Jesús será amado por encima de todas las cosas. El amor de las cosas creadas es engañoso e inestable, pero el amor de Jesús es fiel y duradero. El que se aferra a las cosas creadas caerá con su inclinación; pero el que abraza a Jesús se mantendrá erguido para siempre. Ámalo y tenlo por amigo, pues no te abandonará cuando todos se aparten de ti, ni te dejará perecer al final. Algún día te separarás de todos, quieras o no quieras.

2. Aférrate a Jesús en la vida y en la muerte, y encomiéndate a su fidelidad, pues cuando todos los hombres te fallan, es el único que puede ayudarte. Tu Amado es tal, por naturaleza, que no tendrá rival, sino que sólo poseerá tu corazón, y como un rey se sentará en su propio trono. Si aprendieras a apartar de ti toda cosa creada, Jesús tomaría libremente su morada en ti. Te resultará poco más que perdida toda la confianza que hayas depositado en los hombres y no en Jesús. No confíes ni te apoyes en una caña sacudida por el viento, porque toda carne es hierba, y su bondad se cae como la flor del campo (Is 40:6).

3. Te engañarás rápidamente si sólo te fijas en la apariencia de los hombres, pues si buscas tu consuelo y tu provecho en los demás, con demasiada frecuencia experimentarás pérdidas. Si buscas a Jesús en todas las cosas, ciertamente encontrarás a Jesús, pero si te buscas a ti mismo, también te encontrarás a ti mismo, pero para tu propio daño. Porque si un hombre no busca a Jesús se perjudica más a sí mismo que todo el resto del mundo y todos sus adversarios.

CAPÍTULO VIII. *Del amor íntimo de Jesús*

1. Cuando Jesús está presente todo está bien y nada parece difícil, pero cuando Jesús no está presente todo es difícil. Cuando Jesús no habla en nuestro interior, nuestro consuelo

no vale nada, pero si Jesús habla una sola palabra mucho es el consuelo que experimentamos. ¿No se levantó María Magdalena rápidamente del lugar donde lloraba cuando Marta le dijo: El Maestro ha venido y te llama?(Jn 11:28). ¡Feliz hora cuando Jesús te llama de las lágrimas a la alegría del espíritu! ¡Qué seco y duro eres sin Jesús! ¡Qué insensato y vano si deseas algo más que a Jesús! ¿No es esto mayor pérdida que si perdieras el mundo entero?

2. ¿De qué te sirve el mundo sin Jesús? Estar sin Jesús es el infierno más profundo, y estar con Jesús es el dulce paraíso. Si Jesús estuviera contigo, ningún enemigo podría hacerte daño. El que encuentra a Jesús encuentra un buen tesoro, sí, bueno sobre todo lo bueno; y el que pierde a Jesús pierde muchísimo, sí, más que el mundo entero. Muy pobre es el que vive sin Jesús, y muy rico el que es mucho con Jesús.

3. Es una gran habilidad saber vivir con Jesús, y saber conservar a Jesús es una gran sabiduría. Sé humilde y pacífico, y Jesús estará contigo. Sé piadoso y tranquilo, y Jesús permanecerá contigo. Puedes alejar rápidamente a Jesús y perder su favor si te vuelves hacia las cosas exteriores. Y si lo has echado a un lado y lo has perdido, ¿a quién huirás y a quién buscarás como amigo? Sin un amigo no puedes vivir mucho tiempo, y si Jesús no es tu amigo por encima de todo estarás muy triste y desolado. Enloquece, pues, si confías o encuentras gozo en cualquier otro. Es preferible tener al mundo entero contra ti, que a Jesús ofendido contigo. Por tanto, de todos los que te son queridos, ama especialmente a Jesús.

4. Que todos sean amados por causa de Jesús, y Jesús por los suyos. Sólo Jesucristo debe ser especialmente amado, pues sólo Él es hallado bueno y fiel por encima de todos los amigos. Por Él y en Él te sean queridos tanto los enemigos como los amigos, y ruega por todos ellos para que todos le conozcan y le amen. Nunca desees ser especialmente alabado o amado, porque esto pertenece sólo a Dios, que no tiene a nadie semejante a Él. Ni desees que nadie ponga su corazón en ti, ni te entregues al amor de nadie, sino que Jesús esté en ti y en todo hombre bueno.

5. Sé puro y libre dentro de ti mismo, y no te dejes enredar por ninguna cosa creada. Debes llevar un corazón desnudo y limpio a Dios, si deseas estar listo para ver cuán misericordioso es el Señor. Y en verdad, a menos que seas prevenido y atraído por su gracia, no lograrás esto, que habiendo desechado y descartado todo lo demás, quedes unido a Dios. Porque cuando la gracia de Dios viene a un hombre, entonces se hace capaz de hacer todas las cosas, y cuando se va, entonces será pobre y débil y entregado a los problemas. En éstas no debes abatirte ni desesperar, sino descansar con ánimo sereno en la voluntad de Dios, y soportar todo lo que te sobrevenga para alabanza de Jesucristo; porque después del invierno viene el verano, después de la noche vuelve el día, después de la tempestad una gran calma.

CAPÍTULO IX. *De la falta de todo consuelo*

1. No es cosa difícil despreciar el consuelo humano cuando está presente el divino. Es cosa grande, sí muy grande, poder soportar la pérdida tanto del consuelo humano como del divino; y por amor de Dios soportar de buen grado el destierro del corazón, y en nada buscarse a sí mismo, ni mirar al propio mérito. ¿Qué importa si eres alegre de corazón y

devoto cuando te llega el favor? Esa es la hora en que todos se regocijan. Con bastante agrado cabalga aquel a quien lleva la gracia de Dios. ¿Y qué maravilla, si no siente carga quien es llevado por el Todopoderoso, y es conducido adelante por el Guía de lo alto?

2. Estamos dispuestos a aceptar cualquier cosa por comodidad, y es difícil que un hombre se libere de sí mismo. El santo mártir Lorenzo venció el amor del mundo e incluso de su maestro sacerdotal, porque despreciaba todo lo que en el mundo parecía agradable; y por amor a Cristo sufrió serenamente que le arrebataran incluso al gran presbítero de Dios, Sixto, a quien amaba entrañablemente. Así, por amor al Creador, venció el amor de los hombres, y en lugar de las comodidades humanas, prefirió la complacencia de Dios. Así también aprende a renunciar a cualquier amigo cercano y querido por amor a Dios. No tomes a mal que un amigo te abandone, sabiendo que todos debemos separarnos al final.

3. El hombre debe esforzarse poderosa y largamente en su interior antes de aprender a vencerse por completo a sí mismo y a dirigir todo su afecto hacia Dios. Cuando un hombre descansa en sí mismo, fácilmente se desliza hacia las comodidades humanas. Pero un verdadero enamorado de Cristo, un diligente buscador de la virtud, no retrocede ante esas comodidades, ni busca la dulzura que pueda saborearse y tocarse, sino que más bien desea duros ejercicios y emprender severos trabajos por Cristo.

4. Por tanto, cuando Dios te dé consuelo espiritual, recíbelo con acción de gracias, y sabe que es el don de Dios, no fruto tuyo. No te envanezcas, no te regocijes demasiado ni presumas tontamente, sino más bien sé más humilde por el don, más cauteloso y más cuidadoso en todas tus acciones; porque esa hora pasará, y vendrá la tentación. Cuando te quiten el consuelo, no desesperes en seguida, sino espera con humildad y paciencia la visita celestial, porque Dios es capaz de devolverte mayor favor y consuelo. Esto no es nuevo ni extraño para los que han probado el camino de Dios, pues con los grandes santos y los antiguos profetas ocurría a menudo esta especie de cambio.

5. Por eso, uno dijo cuando el favor de Dios estaba presente con él: Dije en mi prosperidad nunca seré conmovido (Sal 30:6), pero continúa diciendo lo que sintió dentro de sí cuando el favor se fue: Volviste de mí tu rostro, y me turbé. A pesar de lo cual no desespera en absoluto, sino que suplica a Dios al instante, y dice: A ti, Señor, clamaré, y oraré a mi Dios; y luego recibe el fruto de su oración, y da testimonio de cómo ha sido escuchado, diciendo: El Señor me escuchó y tuvo misericordia de mí, el Señor fue mi socorro. Pero, ¿en qué? Tú has convertido mi tristeza en alegría, has quitado mi cilicio y me has ceñido de gozo. Si fue así con los grandes santos, nosotros que somos pobres y necesitados no debemos desesperar si unas veces estamos en el calor y otras en el frío, porque el Espíritu va y viene según el beneplácito de su voluntad. Por eso dice el santo Job: Por la mañana lo visitarás, y de repente lo probarás (Job 7:18).

6. ¿En qué, pues, puedo esperar o en qué puedo confiar, sino en la gran misericordia de Dios y en la esperanza de la gracia celestial? Porque aunque me acompañen hombres buenos, hermanos piadosos o amigos fieles, aunque me acompañen libros sagrados o bellos discursos, aunque me acompañen dulces himnos y cánticos, todo esto ayuda poco y tiene poco gusto cuando estoy abandonado del favor de Dios y abandonado a mi propia

pobreza. No hay mejor remedio, pues, que la paciencia y la negación de sí mismo, y la perseverancia en la voluntad de Dios.

7. Jamás he encontrado un hombre tan religioso y piadoso que no sintiera a veces la retirada del favor divino y la falta de fervor. Ningún santo estuvo jamás tan lleno de arrobamiento, tan iluminado, sino que tarde o temprano fue tentado. Porque no es digno de la gran visión de Dios quien, por amor de Dios, no ha sido sometido a alguna tentación. Porque la tentación suele ir delante como señal del consuelo que vendrá después, y el consuelo celestial se promete a los que son probados por la tentación. Como está escrito: Al que venciere, le daré a comer del árbol de la vida (Ap 2:7).

8. El consuelo divino se da para que el hombre sea más fuerte para soportar las adversidades. Y la tentación sigue, para que no se enaltezca a causa del consuelo. El diablo no duerme; tu carne aún no está muerta; por tanto, no dejes de prepararte para la batalla, porque los enemigos están a tu derecha y a tu izquierda, y nunca descansan.

CAPÍTULO X. *De la gratitud por la Gracia de Dios*

1. ¿Por qué buscas descanso cuando has nacido para trabajar? Prepárate para la paciencia más que para el consuelo, y para llevar la cruz más que para la alegría. Porque, ¿quién de los hombres de este mundo no recibiría de buen grado el consuelo y la alegría espiritual si pudiera tenerlos siempre? Porque los consuelos espirituales exceden a todos los deleites del mundo y a todos los placeres de la carne. Porque todos los deleites mundanos son vacíos o inmundos, mientras que sólo los deleites espirituales son agradables y honrosos, hijos de la virtud y derramados por Dios en las mentes puras. Pero ningún hombre puede gozar siempre de estos divinos consuelos a su voluntad, porque no por mucho tiempo cesa la época de la tentación.

2. Grande es la diferencia entre una visita de lo alto y una falsa libertad de espíritu y una gran confianza en sí mismo. Dios hace bien en darnos la gracia del consuelo, pero el hombre hace mal en no dar inmediatamente gracias a Dios por ello. Y así los dones de la gracia no pueden fluir hacia nosotros, porque somos ingratos con el Autor de ellos, y no los devolvemos enteramente a la Fuente de donde fluyen. Porque la gracia es siempre la porción del agradecido, y al soberbio se le quita lo que se suele dar a los humildes.

3. No deseo ningún consuelo que me quite la compunción, no amo ninguna contemplación que me lleve al orgullo. Porque no es santo todo lo que es elevado, ni es bueno todo lo que es dulce; no es puro todo deseo, ni es agradable a Dios todo lo que nos es querido. De buena gana acepto aquella gracia por la cual se me hace más humilde y más cauteloso y más dispuesto a renunciar a mí mismo. El que es hecho docto por el don de la gracia y es enseñado en la sabiduría por el golpe de la retirada de la misma, no se atreverá a reclamar para sí ningún bien, sino que más bien confesará que es pobre y necesitado. Da a Dios lo que es de Dios (Mt 22:21), y atribúyete lo que es tuyo; es decir, da gracias a Dios por su gracia, pero confiesa sólo para ti tu culpa, que por ella mereces el castigo.

4. Siéntate siempre en la parte más baja, y se te dará el lugar más alto (Lc 14:10). Porque lo más alto no puede estar sin lo más bajo. Porque los más altos santos de Dios son los

más pequeños a sus propios ojos, y cuanto más gloriosos son, tanto más humildes son en sí mismos; llenos de gracia y de gloria celestial, no desean vanagloriarse; apoyados en Dios y fuertes en su poder, no pueden ser elevados de ninguna manera. Y los que atribuyen a Dios todo el bien que han recibido, "no buscan gloria unos de otros, sino la gloria que sólo viene de Dios", y desean que Dios sea alabado en sí mismo y en todos sus santos sobre todas las cosas, y siempre se esfuerzan por esto mismo.

5. Agradece, pues, el menor beneficio y serás digno de recibir mayores. Que lo más pequeño sea para ti como lo más grande, y que lo que es de poca importancia sea para ti como un don especial. Si se considera la majestad del Dador, nada de lo que se dé parecerá pequeño y sin valor, pues no es poca cosa lo que da el Dios Altísimo. Sí, aunque Él dio castigo y azotes, debemos estar agradecidos, porque Él siempre hace para nuestro beneficio todo lo que Él permite que nos suceda. Quien busque conservar el favor de Dios, que sea agradecido por el favor que se le da, y paciente con respecto al que se le quita. Que ore para que le sea devuelto; que sea cauteloso y humilde para no perderlo.

CAPÍTULO XI. *De los pocos que aman la Cruz de Jesús*

1. Jesús tiene muchos enamorados de su reino celestial, pero pocos portadores de su cruz. Tiene muchos buscadores de consuelo, pero pocos de tribulación. Encuentra muchos compañeros de Su mesa, pero pocos de Su ayuno. Todos desean regocijarse con Él, pero pocos están dispuestos a sufrir por Él. Muchos siguen a Jesús para comer de sus panes, pero pocos para beber del cáliz de su pasión. Muchos se asombran de Sus Milagros, pocos le siguen tras la vergüenza de Su Cruz. Muchos aman a Jesús mientras no les sucedan adversidades. Muchos Le alaban y Le bendicen, mientras reciban de Él algún consuelo. Pero si Jesús se esconde y se aleja de ellos un poco, caen en la queja o en un abatimiento de ánimo demasiado grande.

2. Pero los que aman a Jesús por amor de Jesús, y no por ningún consuelo propio, le bendicen en toda tribulación y angustia de corazón como en el más alto consuelo. Y si Él nunca les diera consuelo, sin embargo siempre le alabarían y siempre le darían gracias.

3. ¡Oh, qué poder tiene el amor puro de Jesús, no mezclado con ninguna ganancia o amor propio! ¿No deberían ser llamados mercenarios todos aquellos que siempre están buscando consuelos? ¿No demuestran ser más amantes de sí mismos que de Cristo quienes siempre están buscando su propia ganancia y provecho? ¿Dónde se encontrará a alguien que esté dispuesto a servir a Dios totalmente a cambio de nada?

4. Rara vez se encuentra a alguien tan espiritual como para estar despojado de todo pensamiento egoísta, pues ¿quién encontrará a un hombre verdaderamente pobre de espíritu y libre de todas las cosas creadas? "Su valor viene de lejos, sí, de los confines de la tierra". Un hombre puede dar todos sus bienes, pero eso no es nada; y si hace muchas obras de penitencia, aún así es una pequeñez; y aunque entienda todo el conocimiento, aún así eso está lejos; y si tiene gran virtud y devoción celosa, aún así le falta mucho, sí, una cosa que es la más necesaria para él de todas. ¿Qué es, pues? Que habiendo renunciado a todo lo demás, se abandone a sí mismo y salga de sí mismo por completo, y no retenga nada de amor propio; y habiendo hecho todo lo que sabe que es su deber hacer, que sienta que no ha hecho nada. Que no tenga en cuenta lo mucho que podría

considerarse mucho, sino que se declare en verdad siervo inútil, como dice la Verdad misma: Cuando hayáis hecho todo lo que se os ha mandado, decid: somos siervos inútiles (Lc 17:10). Entonces podrá ser verdaderamente pobre y desnudo de espíritu, y podrá decir con el Profeta: En cuanto a mí, soy pobre y necesitado (Sal 25:16). Sin embargo, nadie es más rico que él, nadie más fuerte, nadie más libre. Porque sabe entregarse a sí mismo y a todas las cosas, y ser humilde a sus propios ojos.

CAPÍTULO XII. *Del camino real de la Santa Cruz*

1. A muchos les parece duro decir: Si alguno quiere venir en pos de mí, niéguese a sí mismo, tome su cruz y sígame (Mt 14:24). Pero mucho más duro será oír la última sentencia: Apartaos de mí, impíos, id al fuego eterno (Mt 25:41). Porque los que ahora oyen de buen grado la palabra de la Cruz y la siguen, no temerán entonces oír la condenación eterna. El signo de la Cruz estará en el cielo cuando el Señor venga para el Juicio. Entonces todos los siervos de la Cruz, que en vida se han conformado con el Crucificado, se acercarán a Cristo Juez con gran confianza.

2. ¿Por qué temes, pues, tomar la cruz que conduce al reino? En la Cruz está la salud, en la Cruz está la vida, en la Cruz está la protección contra los enemigos, en la Cruz está la dulzura celestial, en la Cruz está la fortaleza de ánimo, en la Cruz está la alegría del espíritu, en la Cruz está la altura de la virtud, en la Cruz está la perfección de la santidad. No hay salud para el alma, ni esperanza de vida eterna, sino en la Cruz. Toma, pues, tu cruz y sigue a Jesús y entrarás en la vida eterna. Él te precedió llevando su cruz y murió por ti en la cruz, para que tú también lleves tu cruz y ames ser crucificado en ella. Porque si estás muerto con Él, también vivirás con Él, y si eres partícipe de sus sufrimientos también serás de su gloria.

3. He aquí que todo depende de la Cruz, y todo consiste en morir; y no hay otro camino para la vida y para la verdadera paz interior, sino el camino de la Santa Cruz y de la mortificación diaria. Ve adonde quieras, busca lo que quieras, y no hallarás camino más alto arriba ni más seguro abajo, que el camino de la Santa Cruz. Dispón y ordena todas las cosas según tu propia voluntad y juicio, y siempre encontrarás algo que sufrir voluntaria o involuntariamente, y así siempre encontrarás tu cruz. Porque o sentirás dolor de cuerpo, o tribulación de espíritu dentro de tu alma.

4. A veces serás abandonado por Dios, a veces serás probado por tu prójimo, y lo que es más, a menudo serás fatigoso para ti mismo. Y aun así no podrás ser liberado ni aliviado por ningún remedio o consuelo, sino que deberás soportarlo hasta que Dios quiera. Porque Dios quiere que aprendas a sufrir la tribulación sin consuelo, y que te sometas plenamente a ella, y por la tribulación te hagas más humilde. Nadie comprende tan bien la Pasión de Cristo en su corazón como quien ha padecido algo semejante. Por tanto, la Cruz está siempre lista y en todas partes te espera. No puedes huir de ella dondequiera que te apresures, porque dondequiera que vayas, te llevas a ti mismo contigo, y siempre te encontrarás a ti mismo. Gira hacia arriba, gira hacia abajo, gira hacia fuera, gira hacia dentro, y encontrarás a la Cruz en todas partes; y es necesario que tengas paciencia en todas partes si quieres tener paz interior y ganar la corona eterna.

5. Si llevas voluntariamente la Cruz, ella te llevará a ti y te conducirá al fin que buscas, incluso donde el sufrimiento tendrá fin, aunque no sea aquí. Si la llevas de mala gana, te conviertes en una carga para ti mismo y aumentarás en gran medida tu carga, y sin embargo tienes que llevarla. Si desechas una cruz, sin duda encontrarás otra y tal vez más pesada.

6. ¿Crees escapar de lo que ningún mortal ha podido evitar? ¿Quién de los santos en el mundo ha estado sin cruz y sin tribulación? Pues ni siquiera Jesucristo, nuestro Señor, estuvo una hora sin la angustia de su Pasión, mientras vivió. Correspondía, dijo, a Cristo padecer y resucitar de entre los muertos, y así entrar en su gloria (Lc 24:46). ¿Y cómo buscas otro camino que este camino real, que es el camino de la Santa Cruz?

7. Toda la vida de Cristo fue cruz y martirio, ¿y tú buscas para ti descanso y gozo? Te equivocas, te equivocas, si no buscas otra cosa que sufrir tribulaciones, pues toda esta vida mortal está llena de miserias y rodeada de cruces. Y cuanto más alto haya avanzado un hombre en el espíritu, más pesadas cruces encontrará a menudo, porque la pena de su destierro aumenta con la fuerza de su amor.

8. Pero, sin embargo, el hombre que es afligido de esta manera en tantos sentidos, no carece de la consolación del refrigerio, porque siente que crece dentro de él abundante fruto por llevar su cruz. Porque mientras se somete voluntariamente a ella, toda carga de tribulación se convierte en una seguridad de consuelo divino, y cuanto más se desgasta la carne por la aflicción, tanto más se fortalece poderosamente el espíritu por la gracia interior. Y a veces el deseo de tribulación y adversidad lo conforta tanto, por amor a la conformidad con la cruz de Cristo, que no quiere estar sin dolor y tribulación; porque cree que será tanto más aceptable a Dios, cuanto más y más pesadas sean las cargas que sea capaz de llevar por amor de Él. Esto no es virtud del hombre, sino gracia de Cristo, que tiene tal poder y fuerza en la débil carne, que lo que naturalmente aborrece y de lo que huye, esto atrae y ama con fervor de espíritu.

9. No está en la naturaleza del hombre soportar la cruz, amar la cruz, mantener sometido el cuerpo y sujetarlo, huir de los honores, soportar mansamente los reproches, despreciarse a sí mismo y desear ser despreciado, soportar todas las adversidades y pérdidas, y no desear prosperidad en este mundo. Si te miras a ti mismo, nada de esto podrás hacer por ti mismo; pero si confías en el Señor, se te dará resistencia desde el cielo, y el mundo y la carne se someterán a tus órdenes. Sí, ni siquiera temerás a tu adversario el diablo, si estás armado con la fe y signado con la Cruz de Cristo.

10. Prepárate, pues, como buen y fiel siervo de Cristo, a llevar con entereza la cruz de tu Señor, que por amor fue crucificado por ti. Prepárate para soportar muchas adversidades y muchos problemas en esta miserable vida; porque así te ocurrirá dondequiera que estés, y así, de hecho, lo encontrarás dondequiera que te escondas. Así ha de ser; y no hay medio de escapar de la tribulación y del dolor, sino soportándolos con paciencia. Bebe amorosamente la copa de tu Señor si deseas ser su amigo y tener tu suerte con Él. Deja a Dios los consuelos, que haga con ellos lo que mejor le parezca. Pero disponte a soportar las tribulaciones, y considéralas como los mejores consuelos; porque los sufrimientos del tiempo presente no son dignos de compararse con la gloria que en nosotros ha de manifestarse (Rom 8:18), ni lo serían aunque los soportaras todos.

11. Cuando hayas llegado a esto, que la tribulación te sea dulce y agradable por amor de Cristo, entonces considera que te va bien, porque has encontrado el paraíso en la tierra. Mientras te resulte duro sufrir y desees escapar, no te irá bien, y las tribulaciones te perseguirán por todas partes.

12. Si te dedicas a lo que debes, es decir, a sufrir y morir, pronto te irá mejor y hallarás la paz. Aunque seas arrebatado con Pablo al tercer cielo (2Cor 12:2), no por eso estarás a salvo de sufrir el mal. Yo le mostraré, dice Jesús, qué grandes cosas debe sufrir por causa de mi Nombre (Hch 9:16). Te queda, por tanto, sufrir, si amas a Jesús y le sirves continuamente.

13. Oh, si fueras digno de padecer algo por el nombre de Jesús, ¡qué gran gloria te esperaría, qué regocijo entre todos los santos de Dios, qué brillante ejemplo también para tu prójimo! Porque todos los hombres alaban la paciencia, aunque pocos estén dispuestos a practicarla. Ciertamente debes sufrir un poco por Cristo cuando muchos sufren cosas más pesadas por el mundo.

14. Debes saber con certeza que debes llevar la vida de un moribundo. Y cuanto más muere un hombre para sí mismo, tanto más comienza a vivir para Dios. Nadie es apto para entender las cosas celestiales, a menos que se haya sometido a soportar las adversidades por Cristo. Nada más aceptable a Dios, nada más saludable para ti mismo en este mundo, que sufrir voluntariamente por Cristo. Y si pudieras elegir, más bien desearías sufrir adversidades por Cristo, que ser confortado con múltiples consuelos, porque serías más semejante a Cristo y más conforme a todos los santos. Porque nuestro merecimiento y crecimiento en la gracia no consiste en muchos deleites y consuelos, sino más bien en soportar muchas tribulaciones y adversidades.

15. Si en verdad hubiera habido algo mejor y más provechoso para la salud de los hombres que sufrir, sin duda Cristo lo habría demostrado con la palabra y el ejemplo. Porque tanto a los discípulos que le seguían, como a todos los que desean seguirle, les exhorta claramente a llevar su cruz, y dice: Si alguno quiere venir en pos de mí, niéguese a sí mismo, tome su cruz y sígame (Lc 9:23). Así pues, ahora que hemos leído y estudiado a fondo todas las cosas, oigamos la conclusión de todo el asunto. Es necesario que entremos en el reino de Dios a través de muchas tribulaciones (Hch 14:21).

TERCER LIBRO: SOBRE EL CONSUELO INTERIOR

CAPÍTULO I. *De la voz interior de Cristo al alma fiel*

1. Escucharé lo que el Señor Dios diga en mi interior (Sal 85:8). Bienaventurada el alma que oye al Señor hablar en su interior, y recibe la palabra del consuelo de su boca. Bienaventurados los oídos que reciben los ecos del suave susurro de Dios, y no se apartan a los susurros de este mundo. Bienaventurados en verdad los oídos que no escuchan la voz que resuena fuera, sino la que enseña la verdad interiormente. Bienaventurados los ojos que se cierran a lo de fuera y se fijan en lo de dentro. Bienaventurados los que escudriñan las cosas interiores y se preparan con ejercicios diarios para recibir los misterios celestiales. Bienaventurados los que anhelan tener tiempo libre para Dios, y se liberan de todo estorbo del mundo. Piensa en estas cosas, alma mía, y cierra las puertas de tus deseos carnales, para que oigas lo que el Señor Dios dirá dentro de ti.

2. Estas cosas dice tu Amado: "Yo soy tu salvación, Yo soy tu paz y tu vida. Guárdate en Mí, y hallarás la paz". Aparta de ti todas las cosas transitorias, busca las eternas. Porque ¿qué son todas las cosas temporales sino engaños, y en qué te ayudarán todas las cosas creadas si te abandona el Creador? Desecha, pues, todo lo demás, y entrégate al Creador, para serle grato y fiel, a fin de que puedas alcanzar la verdadera bienaventuranza.

CAPÍTULO II. *Lo que la verdad dice interiormente sin ruido de palabras*

1. Habla, Señor, que tu siervo escucha (1Sam 3:9). Yo soy tu siervo; dame entendimiento para que conozca tus mandatos. Inclina mi corazón a las palabras de tu boca (Sal 119:125). Que tu palabra destile como el rocío. Los hijos de Israel decían antiguamente a Moisés: Háblanos, y te oiremos; pero no nos hable el Señor, no sea que muramos (Ex 20:19). No ruego así, Señor, no ruego así, sino que, con el profeta Samuel, te suplico humilde y encarecidamente: Habla, Señor, que tu siervo escucha. No me hable Moisés, ni ningún profeta, sino habla Tú, Señor, que inspiraste e iluminaste a todos los profetas; porque sólo Tú, sin ellos, puedes llenarme perfectamente de ciencia, mientras que ellos, sin Ti, de nada me aprovechan.

2. En efecto, pueden pronunciar palabras, pero no dan el espíritu. Hablan con gran belleza, pero cuando Tú callas no encienden el corazón. Nos dan escrituras, pero Tú nos das a conocer su sentido. Nos traen misterios, pero Tú revelas lo que significan. Nos dan mandamientos, pero Tú nos ayudas a cumplirlos. Ellos muestran el camino, pero Tú das la fuerza para el viaje. Ellos sólo actúan exteriormente, pero Tú instruyes e iluminas el corazón. Ellos riegan, pero Tú das el crecimiento. Ellos claman con palabras, pero Tú das entendimiento al que escucha.

3. Por tanto, no me hable Moisés, sino Tú, Señor Dios mío, Verdad Eterna; no sea que muera y no dé fruto, siendo amonestado exteriormente, pero no encendido interiormente; no sea que la palabra oída pero no seguida, conocida pero no amada, creída pero no obedecida, se levante contra mí en el juicio. Habla, Señor, que tu siervo escucha; Tú

tienes palabras de vida eterna (Jn 6:68). Háblame para consuelo de mi alma, para enmienda de toda mi vida, y para alabanza, gloria y honor eterno de tu Nombre.

CAPÍTULO III. *Cómo todas las palabras de Dios han de ser oídas con humildad, y cómo muchos no las consideran*

1. "Hijo mío, escucha mis palabras, porque mis palabras son dulcísimas y superan toda la ciencia de los filósofos y sabios de este mundo. Mis palabras son espíritu y son vida (Jn 4:63), y no han de ser pesadas por el entendimiento del hombre. No han de ser extraídas para vana aprobación, sino para ser oídas en silencio y recibidas con toda humildad y con profundo amor."

2. Y dije: "Bienaventurado el hombre a quien Tú enseñas, Señor, y le instruyes en tu ley, para que le des descanso en tiempo de adversidad (Sal 94:13), y no esté desolado en la tierra".

3. «Yo -dice el Señor- enseñé a los profetas desde el principio, y aun ahora no ceso de hablar a todos; pero muchos son sordos y se endurecen contra mi voz; muchos aman escuchar al mundo antes que a Dios, siguen más fácilmente los deseos de la carne que el beneplácito de Dios. El mundo promete cosas que son temporales y pequeñas, y se le sirve con gran avidez. Yo prometo cosas que son grandes y eternas, y los corazones de los mortales son lentos para conmoverse. ¿Quién me sirve y obedece en todas las cosas, con tanto cuidado como sirve al mundo y a sus gobernantes?

Avergüénzate, oh Sidón, dice el mar (Is 23:4);
Y si buscas la razón, escúchame.

Por una pequeña recompensa los hombres hacen un largo viaje; por la vida eterna muchos apenas levantarían un pie del suelo. Se busca una recompensa mezquina; por un poco de dinero a veces se hace un esfuerzo vergonzoso; por una cosa vana y por una promesa insignificante, los hombres no rehuyen esforzarse día y noche.

4. Pero, ¡oh vergüenza! por un bien inmutable, por una recompensa inestimable, por el más alto honor y por una gloria que no se desvanece, les resulta fastidioso esforzarse aunque sea un poco. Avergüénzate, pues, siervo perezoso y descontento, porque más prestos están ellos a la perdición que tú a la vida. Ellos se regocijan más en la vanidad que tú en la verdad. A veces, ciertamente, son defraudados de su esperanza, pero mi promesa no defrauda a nadie, ni despide vacío al que confía en mí. Lo que he prometido, lo daré; lo que he dicho, lo cumpliré; con tal que el hombre permanezca fiel a mi amor hasta el fin. Por eso soy Yo el remunerador de todos los hombres buenos, y el que aprueba con firmeza a todos los piadosos".

5. Escribe mis palabras en tu corazón y considéralas diligentemente, porque te serán muy útiles en tiempo de tentación. Lo que no entiendas cuando leas, lo sabrás en el tiempo de hacerte una visita. Acostumbro visitar a Mis elegidos de dos maneras, por medio de la tentación y del consuelo, y les enseño dos lecciones día tras día, la una reprendiendo sus faltas, la otra exhortándoles a crecer en gracia. El que tiene Mis palabras y las rechaza, tiene quien le juzgue en el último día».

6. Señor Dios mío, Tú eres todo mi bien, y ¿quién soy yo para atreverme a hablarte? Soy el más pobre de tus siervos, un gusano abyecto, mucho más pobre y despreciable de lo que sé o me atrevo a decir. Sin embargo, recuerda, oh Señor, que nada soy, nada tengo y nada puedo hacer. Tú sólo eres bueno, justo y santo; Tú puedes hacer todas las cosas, estás sobre todas las cosas, llenas todas las cosas, dejando vacío sólo al pecador. Recuerda tus tiernas misericordias y llena mi corazón de tu gracia, Tú que no quieres que tu obra vuelva a Ti vacía.

7. ¿Cómo podré soportar esta vida miserable si no me fortalecen tu misericordia y tu gracia? No apartes de mí tu rostro, no demores tu visita. No retires de mí tu consuelo, no sea que mi alma "jadee en pos de ti como una tierra sedienta". Señor, enséñame a hacer tu voluntad, enséñame a andar humilde y rectamente delante de ti, porque tú eres mi sabiduría, Quien me conoce en verdad, y me conoció antes de que el mundo fuera hecho y antes de que yo naciera en el mundo.

CAPÍTULO IV. *Cómo debemos andar en verdad y humildad ante Dios*

1. "¡Hijo mío! camina delante de Mí en la verdad, y en la sencillez de tu corazón búscame continuamente. El que camina delante de Mí en la verdad estará a salvo de los asaltos del mal, y la verdad lo librará de las asechanzas y calumnias de los malvados. Si la verdad te hace libre, serás verdaderamente libre, y no te importarán las vanas palabras de los hombres".

2. Señor, es verdad lo que dices; que así sea conmigo, te lo ruego; que tu verdad me enseñe, me guarde y me preserve hasta el fin. Que me libre de todo mal y afecto desordenado, y caminaré delante de Ti con gran libertad de corazón.

3. "Te enseñaré", dice la Verdad, "las cosas que son rectas y agradables delante de Mí. Piensa en tus pecados con gran desagrado y tristeza, y nunca te creas nada por tus buenas obras. Verdaderamente eres un pecador, propenso a muchas pasiones, sí, atado y ligado a ellas. Por ti mismo siempre tiendes a la nada, pronto caerás, pronto serás vencido, pronto perturbado, pronto deshecho. No tienes de qué gloriarte, sino muchas razones para considerarte vil, pues eres mucho más débil de lo que puedes comprender.

4. "Por tanto, nada de lo que hagas te parezca grande; que nada sea grandioso, ni de valor o bello, ni digno de honor, ni elevado, ni digno de alabanza o deseable, sino lo que es eterno. Que la verdad eterna te agrade sobre todas las cosas, que tu propia gran vileza te desagrade continuamente. Nada temas, ni denuncies, ni huyas tanto como de tus propias faltas y pecados, que deberían desagradarte más que cualquier pérdida de bienes. Hay algunos que no andan sinceramente delante de mí, sino que, guiados por la curiosidad y el orgullo, desean conocer mis cosas secretas y entender las cosas profundas de Dios, mientras se descuidan a sí mismos y su salvación. Estos caen a menudo en grandes tentaciones y pecados a causa de su orgullo y curiosidad, pues yo estoy contra ellos.

5. "Teme los juicios de Dios, teme mucho la ira del Todopoderoso. Rehúye debatir sobre las obras del Altísimo, sino escudriña atentamente tus propias maldades y en qué grandes pecados has caído, y cuántas cosas buenas has descuidado. Hay algunos que llevan su devoción sólo en libros, otros en imágenes, otros en signos y figuras exteriores; algunos Me tienen en la boca, pero poco en el corazón. Otros hay que, iluminados en su entendimiento y purificados en sus afectos, anhelan continuamente las cosas eternas, oyen hablar de las cosas terrenas con desgana, obedecen a las necesidades de la naturaleza con tristeza. Y éstos entienden lo que el Espíritu de verdad habla en ellos; pues les enseña a despreciar las cosas terrenales y a amar las celestiales; a descuidar el mundo y a desear el cielo todo el día y toda la noche".

CAPÍTULO V. *Del maravilloso poder del Amor Divino*

1. Te bendigo, Padre celestial, Padre de mi Señor Jesucristo, porque te has dignado pensar en mí, tan pobre como soy. Oh Padre de misericordia y Dios de todo consuelo (2Cor 1:3), te doy gracias a Ti, que me refrescas a veces con tu propio consuelo, cuando soy indigno de cualquier consuelo. Te bendigo y glorifico continuamente, con tu Hijo unigénito y el Espíritu Santo, el Paráclito, por los siglos de los siglos. Oh Señor Dios, Santo enamorado de mi alma, cuando entres en mi corazón, se alegrarán todas mis entrañas. Tú eres mi gloria y la alegría de mi corazón. Tú eres mi esperanza y mi refugio en el día de mi angustia.

2. Pero como todavía soy débil en el amor e imperfecto en la virtud, necesito ser fortalecido y consolado por Ti; por tanto, visítame a menudo e instrúyeme con tus santos caminos de disciplina. Líbrame de las malas pasiones, y limpia mi corazón de todos los afectos desordenados, para que, sanado y totalmente limpio por dentro, esté dispuesto a amar, sea fuerte para sufrir, firme para soportar.

3. El amor es algo grande, un bien por encima de todos los demás, el único que aligera toda carga pesada e iguala toda desigualdad. Porque lleva la carga y no la hace pesada, hace que todo lo amargo sea dulce y de buen gusto. El amor sobreabundante de Jesús impulsa a grandes obras, y estimula a desear continuamente una mayor perfección. El amor quiere ser elevado y no ser retenido por ninguna cosa mezquina. El amor quiere ser libre y estar alejado de todo afecto mundano, para que su poder interno de visión no sea obstaculizado, para que no sea enredado por ninguna prosperidad mundana o vencido por la adversidad. Nada hay más dulce que el amor, nada más fuerte, nada más elevado, nada más extenso, nada más agradable, nada más pleno ni mejor en el cielo ni en la tierra, porque el amor nació de Dios y no puede descansar sino en Dios por encima de todas las cosas creadas.

4. El que ama vuela, corre y se alegra; es libre y no tiene obstáculos. Lo da todo a cambio de todo, y lo tiene todo en todas las cosas, porque descansa en Uno que está por encima de todo, de quien fluye y procede todo bien. No busca dones, sino que se dirige al Dador por encima de todo bien. El amor muchas veces no conoce medida, sino que se desborda por encima de toda medida; el amor no siente carga, no calcula los trabajos, se esfuerza más de lo que puede, no alega imposibilidad, porque juzga posibles todas las cosas que le son lícitas. Es, pues, fuerte para todo, y cumple muchas cosas, y tiene éxito donde el que no ama desfallece y se abate.

5. El amor es vigilante, y mientras duerme sigue velando; aunque está fatigado no se cansa, aunque se le presione no es forzado, aunque se le alarme no se le aterroriza, sino que, como la llama viva y la antorcha encendida, irrumpe en lo alto y triunfa con seguridad. Si un hombre ama, sabe lo que grita esta voz. Pues el ardiente afecto del alma es un gran clamor a los oídos de Dios, y dice: Dios mío, amado mío. Tú eres todo mío, y yo soy todo Tuyo.

6. Ensánchame en el amor, para que aprenda a gustar con las entrañas de mi corazón cuán dulce es amar, disolverme y nadar en el amor. Deja que el amor me sostenga, que me eleve por encima de mí mismo con fervor y admiración inmensos. Déjame cantar el canto del amor, déjame seguirte a Ti mi Amado en lo alto, deja que mi alma se agote en Tu alabanza, exultante de amor. Déjame amarte más que a mí mismo, no amándome a mí mismo excepto por Ti, y a todos los hombres que están en Ti y que verdaderamente Te aman, como lo ordena la ley del amor que resplandece de Ti.

7. El amor es diligente, sincero, piadoso, agradable, amable, fuerte, paciente, fiel, prudente, paciente, valiente y nunca busca lo suyo, porque dondequiera que un hombre busca lo suyo, allí se aleja del amor. El amor es discreto, humilde y recto; no es débil, no es voluble, ni se preocupa por cosas vanas; es sobrio, casto, firme, tranquilo y está atento a todos los sentidos. El amor es sujeto y obediente a todos los que están bajo autoridad, vil y humilde a sus propios ojos, devoto y agradecido hacia Dios, fiel y siempre confiado en Él, incluso cuando Dios oculta su rostro, porque sin dolor no podemos vivir en el amor.

8. El que no está dispuesto a sufrirlo todo y a conformarse a la voluntad del Amado, no es digno de llamarse enamorado de Dios. Corresponde al que ama abrazar de buena gana todas las cosas duras y amargas por amor del Amado, y no apartarse de Él por ningún percance en contra.

CAPÍTULO VI. *De la prueba del verdadero enamorado*

1. "Hijo mío, aún no eres fuerte y prudente en tu amor".

2. ¿Por qué, Señor mío?

3. Porque por un poco de oposición te apartas de tus empresas, y demasiado ansiosamente buscas consuelo. El fuerte enamorado se mantiene firme en las tentaciones, y no cree en las malas persuasiones del enemigo. Como en la prosperidad le complazco, así en la adversidad no le desagrado.

4. El enamorado prudente no considera tanto el don del amante como el amor del dador. Busca el afecto más que el valor, y pone todos los dones por debajo del Amado. El amante noble no descansa en el don, sino en Mí por encima de todo don.

5. No todo está perdido, aunque a veces pienses menos de lo que debieras en Mí o en mis santos. Ese afecto bueno y dulce que a veces percibes es efecto de la gracia presente y algún anticipo de la patria celestial; pero no debes depender demasiado de él, pues va y

viene. Pero luchar contra las malas mociones de la mente que nos vienen, y resistir a las sugestiones del demonio, es señal de virtud y gran mérito.

6. Por tanto, no dejes que te perturben extrañas fantasías, cuando quiera que surjan. Observa con valentía tu propósito y tus rectas intenciones para con Dios. No es una ilusión cuando a veces te dejas llevar repentinamente por el éxtasis, y luego vuelves súbitamente a las vanidades acostumbradas de tu corazón. Porque prefieres sufrirlas involuntariamente que causarlas; y mientras te desagraden y te esfuerces contra ellas, es un mérito y no una pérdida.

7. Has de saber que tu viejo enemigo se esfuerza por obstaculizar tu búsqueda del bien y disuadirte de todo ejercicio piadoso, a saber, la contemplación de los santos, el piadoso recuerdo de mi pasión, el provechoso recuerdo del pecado, la guarda de tu propio corazón y el firme propósito de crecer en la virtud. Te sugiere muchos malos pensamientos, para obrar en ti el cansancio y el terror, y alejarte así de la oración y de la santa lectura. La humilde confesión le desagrada, y si pudiera te haría dejar de comulgar. No le creas ni le hagas caso, aunque muchas veces te ha tendido trampas de engaño. Considera que proviene de él, cuando te sugiere pensamientos malos e impuros. Dile: "Apártate espíritu inmundo; avergüénzate, miserable; horriblemente inmundo eres tú, que traes tales cosas a mis oídos. Apártate de mí, detestable engañador; no tendrás parte en mí; sino que Jesús estará conmigo, como fuerte guerrero, y tú quedarás confundido. Antes moriría y soportaría todos los sufrimientos, que consentir en ti. Calla y enmudece; no te oiré más, aunque trames más asechanzas contra mí. El Señor es mi luz y mi salvación: ¿a quién, pues, temeré? Aunque se levante contra mí un ejército de hombres, no temerá mi corazón. El Señor es mi fuerza y mi Redentor" (Sal 27:1-3; Sal 19:14).

8. Esfuérzate como un buen soldado; y si a veces fracasas por debilidad, revístete de tu fuerza con más valentía que antes, confiando en mi gracia más abundante, y cuídate mucho de la vana confianza y del orgullo. A causa de ella muchos son inducidos al error, y a veces caen en una ceguera casi irremediable. Que esta ruina de los soberbios, que neciamente se enaltecen a sí mismos, te sirva de advertencia y de continua exhortación a la humildad.

CAPÍTULO VII. *De esconder nuestra gracia bajo la guarda de la humildad*

1. Hijo mío, es mejor y más seguro para ti esconder la gracia de la devoción, y no enaltecerte, ni hablar mucho de ella, ni valorarla mucho; sino más bien despreciarte a ti mismo, y temer como si esta gracia fuera dada a alguien indigno de ella. Tampoco debes depender demasiado de este sentimiento, porque muy pronto puede convertirse en su contrario. Piensa, cuando estés en estado de gracia, cuán miserable y pobre sueles ser sin ella. Tampoco hay adelanto en la vida espiritual en esto solamente, en que tengas la gracia de la consolación, sino en que tomes humilde y desinteresadamente y con paciencia su privación; de modo que no dejes de ejercitarte en la oración, ni permitas que tus otros deberes comunes sean en modo alguno descuidados; más bien haz tu tarea con más facilidad, como si hubieras ganado más fuerza y conocimiento; y no te descuides del todo a causa de la escasez y ansiedad de espíritu que sientes.

2. Porque hay muchos que, cuando las cosas no les van bien, se impacientan o se vuelven perezosos. Porque el camino del hombre no está en sí mismo (Jer 10:23), sino que es de Dios dar y consolar, cuando Él quiere, y tanto como Él quiere, y a quien Él quiere, como a Él le plazca, y no más allá. Algunos que fueron presuntuosos por la gracia de la devoción que había en ellos, se han destruido a sí mismos, porque quisieron hacer más de lo que podían, sin considerar la medida de su propia pequeñez, sino siguiendo más bien el impulso del corazón que el juicio de la razón. Y porque presumieron más allá de lo que era agradable a Dios, por eso perdieron pronto la gracia. Se hicieron pobres y quedaron viles, quienes habían construido para sí mismos su nido en el cielo; para que siendo humillados y azotados por la pobreza, aprendieran a no volar con sus propias alas, sino a poner su confianza bajo Mis plumas. Los que aún son nuevos e inexpertos en el camino del Señor, a menos que se gobiernen a sí mismos según el consejo de los sabios, fácilmente pueden ser engañados y llevados por mal camino.

3. Pero si desean seguir sus propias fantasías en lugar de confiar en la experiencia de los demás, el resultado será muy peligroso para ellos si aún se niegan a dejarse apartar de su propia opinión. Aquellos que son sabios en sus propias ideas, rara vez soportan pacientemente ser gobernados por otros. Es mejor tener una pequeña porción de sabiduría con humildad, y un entendimiento pequeño, que grandes tesoros de ciencias con vano amor propio. Es mejor para ti tener menos que mucho de lo que puede enorgullecerte. No hace las cosas muy discretamente el que se entrega por entero a la alegría, olvidando su antigua impotencia y el casto temor del Señor, que teme perder la gracia que le es ofrecida. Tampoco es muy sabio, según el estilo varonil, el que en tiempo de adversidad, o de cualquier apuro, se porta con demasiada desesperación, y siente para Conmigo con menos confianza de la que debiera.

4. El que en tiempo de paz quiere estar seguro, en tiempo de guerra se encontrará a menudo demasiado desanimado y lleno de temores. Si supieras siempre mantenerte humilde y moderado en ti mismo, y guiar y gobernar bien tu propio espíritu, no caerías tan pronto en el peligro y el mal. Es buen consejo que cuando se enciende el fervor del espíritu, medites cómo te irá cuando se apague la luz. Lo cual, cuando suceda, recuerda que la luz aún puede volver, la cual te he quitado por un tiempo como advertencia, y también para mi propia gloria. Tal prueba es a menudo más útil que si tuvieras siempre las cosas prósperas según tu propia voluntad.

5. Porque los méritos no se han de contar por esto: que un hombre tenga muchas visiones o consuelos, o que sea diestro en las Escrituras, o que esté situado en una posición superior; sino que esté fundado en la verdadera humildad y lleno de la caridad divina, que busque siempre pura y rectamente el honor de Dios, que no se considere a sí mismo, sino que se desprecie a sí mismo sin fingimiento, e incluso se regocije de ser despreciado y humillado por otros más que de ser honrado.

CAPÍTULO VIII. *De una baja valoración de sí mismo ante Dios*

1. Yo hablaré a mi Señor, que no soy más que polvo y ceniza. Si me estimo más, he aquí que Tú estás contra mí, y mis iniquidades dan verdadero testimonio, y no puedo contradecirlo. Pero si me humillo a mí mismo, y me reduzco a la nada, y me alejo de todo amor propio, y me reduzco al polvo que soy, Tu gracia me será favorable, y Tu luz estará cerca de mi corazón; y todo amor propio, por pequeño que sea, será tragado en las

profundidades de mi nada, y perecerá para siempre. Allí me mostrarás lo que soy, lo que fui y adónde he llegado: tan necio e ignorante era yo (Sal 73:22). Si me abandono a mí mismo, he aquí que no soy nada, soy todo debilidad; pero si de repente me miras, al instante me fortalezco y me lleno de nueva alegría. Y es maravilloso que yo sea tan repentinamente levantado, y tan bondadosamente abrazado por Ti, ya que siempre estoy siendo llevado a las profundidades por mi propio peso.

2. Esto es obra de tu amor, que va libremente delante de mí y me socorre en tantas necesidades, que me guarda también en los grandes peligros y me arrebata, como puedo decir en verdad, de innumerables males. Porque en verdad, por amarme mal, me perdí a mí mismo, y por buscarte y amarte sinceramente sólo a Ti, me encontré a mí mismo y a Ti, y por amor me he conducido a una nada aún más profunda: porque Tú, oh dulcísimo Señor, me tratas más allá de todo mérito, y por encima de todo lo que me atrevo a pedir o pensar.

3. Bendito seas, oh Dios mío, porque aunque soy indigno de todos tus beneficios, tu bondad generosa e infinita no cesa de hacer el bien incluso a los ingratos y a los que se alejan de Ti. Vuélvenos a Ti, para que seamos agradecidos, humildes y piadosos, pues Tú eres nuestra salvación, nuestro valor y nuestra fuerza.

CAPÍTULO IX. *De que todas las cosas han de remitirse a Dios, como fin último*

1. Hijo mío, yo debo ser tu fin supremo y último, si quieres ser verdaderamente feliz. Con tal propósito se purificará tu afecto, que con demasiada frecuencia se inclina pecaminosamente sobre sí mismo y sobre las cosas creadas. Porque si te buscas a ti mismo en cualquier asunto, inmediatamente fracasarás dentro de ti y te volverás estéril. Por tanto, remítelo todo a Mí en primer lugar, pues soy Yo quien te lo ha dado todo. Así que mira cada bendición como si fluyera del Bien Supremo, y de este modo todas las cosas serán atribuidas a Mí como su fuente.

2. De Mí los humildes y los grandes, los pobres y los ricos, sacan agua como de una fuente viva, y los que Me sirven con espíritu libre y fiel recibirán gracia por gracia. Pero el que quiera gloriarse fuera de Mí, o se complazca en cualquier bien que yazca en sí mismo, no se afirmará en la verdadera alegría, ni se engrandecerá de corazón, sino que será gravemente turbado y arrojado a la tribulación. Por lo tanto, no debes atribuirte ningún bien a ti mismo, ni considerar la virtud como perteneciente a ningún hombre, sino atribuirlo todo a Dios, sin quien el hombre no tiene nada. Todo lo di, todo lo volveré a recibir, y con gran rigor exijo el agradecimiento.

3. Esta es la verdad, y por ella se ahuyenta la vanidad de la jactancia. Y si entra en ti la gracia celestial y la verdadera caridad, no habrá envidia, ni estrechez de corazón, ni se apoderará de ti ningún amor propio. Porque la caridad divina todo lo vence y engrandece todas las potencias del alma. Si eres verdaderamente sabio, sólo en Mí te alegrarás, sólo en Mí esperarás; porque no hay bueno sino uno, que es Dios (Lc 18:19), el cual es digno de alabanza sobre todas las cosas, y de recibir bendición en todas ellas.

CAPÍTULO X. *Lo dulce que es despreciar el mundo y servir a Dios*

1. Ahora volveré a hablar, Señor mío, y no callaré; diré a los oídos de mi Dios, mi Señor y mi Rey, que es excelso sobre todo: ¡Oh cuán abundante es la bondad que has reservado

para los que te temen! (Sal 31:19) Pero, ¿qué eres Tú para los que te aman? ¿Qué eres para los que Te sirven de todo corazón? Verdaderamente indecible es la dulzura de la contemplación de Ti, la que Tú concedes a aquellos que Te aman. En esto sobre todo me has mostrado la dulzura de Tu caridad, que cuando no era, Tú me hiciste, y cuando me alejé de Ti, Tú me trajiste de vuelta para que Te sirviera, y me ordenaste amarte.

2. Oh Fuente de amor perpetuo, ¿qué diré de Ti? ¿Cómo no voy a acordarme de Ti, que te has dignado acordarte de mí, aun después de haberme consumido y perecido? Has tenido con tu siervo una misericordia más allá de toda esperanza, y has mostrado tu gracia y amistad más allá de todo merecimiento. ¿Qué pago te daré por esta gracia tuya? Pues no a todos les es dado renunciar a este mundo y a sus asuntos, y llevar una vida religiosa. ¿Acaso es gran cosa que yo te sirva a Ti, a quien toda criatura debe servir? No debería parecerme gran cosa servirte; más bien me parece una cosa grande y maravillosa, que te dignes recibir como siervo tuyo a alguien tan pobre e indigno, y unirlo a tus siervos elegidos.

3. He aquí que todas las cosas que tengo son tuyas, y con ellas te sirvo. Y, sin embargo, en verdad eres Tú quien me sirve a mí y no yo a Ti. Contempla el cielo y la tierra que has creado para el servicio de los hombres; están a tus órdenes y realizan diariamente todo lo que Tú les ordenas. Sí, y esto es poco; pues incluso has dispuesto a los ángeles para el servicio del hombre. Pero sobrepasa incluso a todas estas cosas el hecho de que Tú mismo te hayas dignado servir al hombre y le hayas prometido que te entregarías a él.

4. ¿Qué te daré por todas tus múltiples misericordias? ¡Oh, si pudiera servirte todos los días de mi vida! ¡Oh, si por un solo día fuera capaz de prestarte un servicio digno de Ti! Porque Tú eres digno de todo servicio, de todo honor y de toda alabanza sin fin. Verdaderamente Tú eres mi Dios, y yo soy tu pobre siervo, que estoy obligado a servirte con todas mis fuerzas, sin cansarme jamás de tus alabanzas. Este es mi deseo, este es mi más grande anhelo, y todo lo que me falta, te ruego que me lo concedas.

5. Es un gran honor y una gran gloria servirte y despreciarlo todo por ti. Porque tendrán gran gracia los que por su propia voluntad se sometan a tu santísimo servicio. Los que por tu amor han desechado todo deleite carnal, hallarán el dulcísimo consuelo del Espíritu Santo. Aquellos que entren en el estrecho camino de la vida por causa de Tu Nombre, y hayan desechado todas las preocupaciones mundanas, alcanzarán una gran libertad de espíritu.

6. ¡Oh agradecido y delicioso servicio de Dios, por el cual el hombre se hace verdaderamente libre y santo! ¡Oh sagrada condición del siervo religioso, que hace al hombre igual a los ángeles, agradable a Dios, terrible a los malos espíritus y aceptable a todos los fieles! ¡Oh servicio abrazado y siempre deseado, en el que se promete el mayor bien y se obtiene un gozo que permanecerá para siempre!

CAPÍTULO XI. *Que los deseos del corazón han de ser examinados y gobernados*

1. "Hijo mío, aún tienes que aprender muchas cosas, sobre las que todavía no has aprendido bien".

2. ¿Cuáles son, Señor?

3. Someter por completo tu deseo a mi beneplácito, y no ser un amante de ti mismo, sino un ferviente buscador de mi voluntad. Tus deseos a menudo te excitan y te impulsan; pero considera contigo mismo si no te mueven más tus propias cosas que mi honor. Si es a Mí mismo a quien buscas, te contentarás con lo que Yo ordene; pero si en ti se oculta alguna búsqueda propia, he aquí que es ésta la que te estorba y te pesa.

4. Cuidado, pues, no te empeñes demasiado en algún deseo que hayas concebido, sin consultar conmigo; no sea que después te arrepientas, y te desagrade aquello que antes te agradaba, y por lo cual suspirabas como por un gran bien. Porque no todo afecto que parece bueno debe seguirse inmediatamente; ni todo afecto adverso debe evitarse de inmediato. A veces es conveniente usar la moderación incluso en los buenos deseos y anhelos, no sea que por la importunidad caigas en la distracción de la mente, no sea que por falta de disciplina te conviertas en un obstáculo para los demás, o no sea que por la resistencia de los demás te veas repentinamente perturbado y llevado a la confusión.

5. A veces, en efecto, es necesario usar la violencia, y luchar varonilmente contra el apetito sensual, y no considerar lo que la carne puede o no querer; sino más bien luchar por esto, para que se someta, aunque sea de mala gana, al espíritu. Y conviene que durante algún tiempo sea castigada y obligada a someterse a la esclavitud, hasta que esté dispuesta a todo y aprenda a contentarse con poco, a deleitarse con las cosas sencillas y a no murmurar nunca por ningún inconveniente.

CAPÍTULO XII. *Del crecimiento interior de la paciencia, y de la lucha contra los malos deseos*

1. Oh Señor Dios, veo que la paciencia me es muy necesaria; porque muchas cosas en esta vida me son contrarias. Porque por más que yo haya procurado mi paz, mi vida no puede transcurrir sin contiendas y angustias.

2. Hablas con verdad, hijo mío. Porque no quiero que busques una paz sin pruebas y que no conozca adversidades, sino más bien que juzgues que has hallado la paz, cuando seas probado con múltiples tribulaciones y sometido a muchas adversidades. Si dices que no puedes soportar mucho, ¿cómo entonces soportarás después el fuego? De dos males siempre debemos elegir el menor. Por lo tanto, para que puedas escapar de los tormentos eternos en el futuro, esfuérzate en nombre de Dios por soportar los males presentes con valentía. ¿Piensas que los hijos de este mundo sufren poco o nada? No te parecerá así, aunque encuentres a los más afortunados.

3. "Pero", dirás, "tienen muchos deleites, y siguen sus propias voluntades, y así soportan con ligereza sus tribulaciones".

4. Sea así, concédeles lo que desean; pero, ¿cuánto tiempo crees que durará? He aquí que, como el humo, los que son ricos en este mundo pasarán, y no quedará registro alguno de sus alegrías pasadas. Sí, aun mientras vivan, no descansarán sin amargura, cansancio y temor. Porque por lo mismo en que encuentran deleite, a menudo tienen el castigo de la tristeza. Justamente les sucede que, porque buscan y persiguen los placeres sin medida, no los disfrutan sin confusión y amargura. ¡Oh cuán cortos, cuán falsos, cuán desmesurados y perversos son todos estos placeres! Pero los hombres, a causa de su cobardía y ceguera, no entienden, sino que, como bestias brutas, por un poco de placer de

esta vida corruptible, causan la muerte del alma. Tú, pues, hijo mío, no vayas tras tus concupiscencias, sino refrénate de tus apetitos (Ecl 18:30). Deléitate en el Señor, y Él te concederá el deseo de tu corazón (Sal 37:4).

5. Porque si en verdad quieres encontrar deleite y ser abundantemente consolado por Mí, he aquí que en el desprecio de todas las cosas mundanas y en la evitación de todos los placeres inútiles estará tu bendición, y se te dará plenitud de consuelo. Y cuanto más te alejes de todo consuelo de las criaturas, más dulces y poderosos consuelos hallarás. Pero al principio no los alcanzarás, sin algún dolor y duro esfuerzo. El hábito acostumbrado durante mucho tiempo se opondrá, pero será vencido por un hábito mejor. La carne murmurará una y otra vez, pero será refrenada por el fervor del espíritu. La vieja serpiente te apremiará y amargará, pero huirá con la oración; además, mediante el trabajo útil se obstruirá grandemente su entrada.

CAPÍTULO XIII. *De la obediencia de quien se somete humildemente a ejemplo de Jesucristo*

1. Hijo mío, el que se esfuerza por apartarse de la obediencia, se aparta también de la gracia, y el que busca ventajas particulares, pierde las que son comunes a todos. Si un hombre no se somete libre y voluntariamente al que está sobre él, es señal de que su carne no está todavía perfectamente sujeta a sí misma, sino que a menudo se resiste y murmura. Aprende, pues, pronto a someterte al que está sobre ti, si quieres sujetar tu propia carne. Porque el enemigo exterior es vencido muy pronto si el hombre interior no ha sido abatido. No hay enemigo más grave y mortal para el alma que tú mismo, si no eres guiado por el Espíritu. No tienes que menospreciarte del todo a ti mismo, si quieres prevalecer contra la carne y la sangre. Porque todavía te amas demasiado a ti mismo, por eso rehúsas someterte a la voluntad de los demás.

2. Pero, ¿qué cosa tan grande es que tú, que eres polvo y nada, te sometas a los hombres por amor de Dios, cuando Yo, el Todopoderoso y Altísimo, que creé todas las cosas de la nada, me sometí a los hombres por amor a ti? Me hice el más humilde y despreciado de los hombres, para que con Mi humildad vencieras tu orgullo. Aprende a obedecer, ¡oh polvo! Aprende a humillarte, oh tierra y barro, y a postrarte a los pies de todos. Aprende a aplastar tus pasiones, y a entregarte en entera obediencia.

3. Sé celoso contra ti mismo, no permitas que el orgullo viva dentro de ti, sino muéstrate sujeto y sin reputación, para que todos puedan pasar por encima de ti, y pisotearte como el barro en las calles. ¿Qué tienes tú, necio, de qué quejarte? ¿Qué puedes responder, vil pecador, a los que hablan contra ti, habiendo ofendido tantas veces a Dios y merecido muchas veces el infierno? Pero Mis ojos te han perdonado, porque tu alma era preciosa a Mis ojos; para que conocieras Mi amor, y fueras agradecido con Mis beneficios; y para que te entregaras por completo a la verdadera obediencia y humildad, y soportaras pacientemente el desprecio que mereces.

CAPÍTULO XIV. *De la meditación de los juicios ocultos de Dios, para que no nos ensoberbezcamos a causa de nuestras buenas obras*

1. Tú emites tus juicios contra mí, oh Señor, y estremeces todos mis huesos con temor y temblor, y mi alma se estremece enormemente. Me quedo atónito, y me acuerdo de que

los cielos no son limpios a tus ojos (Job 15:15). Si a tus ángeles cargaste de locura, y no los perdonaste, ¿cómo será a mí? Las estrellas han caído del cielo, ¿y a qué me atreveré yo que no soy más que polvo? Aquellos cuyas obras parecían dignas de alabanza, cayeron en lo más bajo, y a los que comían el alimento de los ángeles, los he visto deleitarse con las cáscaras que comen los cerdos.

2. Por tanto, no hay santidad si Tú, Señor, retiras tu mano. Ninguna sabiduría aprovecha, si Tú dejas de guiar el timón. No hay fuerza que valga, si Tú dejas de proteger. Ninguna pureza es segura, si Tú no la amparas. No hay auto-custodia que valga, si Tu santa vigilancia no está allí. Porque cuando se nos deja solos, somos devorados y perecemos; pero cuando nos visitas, somos levantados y vivimos. Porque en verdad somos inestables, pero somos fortalecidos por Ti; nos enfriamos, pero somos reavivados por Ti.

3. ¡Oh, cuán humilde y abyectamente debo considerarme a mí mismo, cómo debo sentirme insignificante, si parece que no tengo nada bueno! ¡Oh, cuán profundamente debo someterme a Tus insondables juicios, oh Señor, cuando me hallo sin nada más que nada, y otra vez nada! ¡Oh peso inconmensurable, oh océano que no se puede cruzar, donde no encuentro nada de mí mismo, excepto nada en absoluto! ¿Dónde está, pues, el escondrijo de la gloria, dónde está la confianza engendrada por la virtud? Toda vana gloria es tragada en las profundidades de Tus juicios contra mí.

4. ¿Qué es toda carne a tus ojos? (Is 29:16) ¿Cómo puede alzarse en vanos discursos aquel cuyo corazón está sometido en verdad a Dios? El mundo entero no alzará a aquel a quien la Verdad ha sometido; ni le moverá la boca de todos los que le alaban, a aquel que ha puesto toda su esperanza en Dios. Porque ellos mismos, los que hablan, no son nada; pues cesarán con el sonido de sus palabras, pero la verdad del Señor permanece para siempre (Sal 117:2).

CAPÍTULO XV. *Cómo debemos estar y hablar, respecto de todo lo que deseamos*

1. Hijo mío, habla así en cada asunto: "Señor, si te place, que esto suceda. Señor, si esto es para Tu honor, que se haga en Tu Nombre. Señor, si lo ves bueno para mí, y lo apruebas como útil, entonces concédeme usarlo para Tu honor. Pero si sabes que será perjudicial para mí, y no provechoso para la salud de mi alma, ¡quita de mí el deseo! Porque no todos los deseos proceden del Espíritu Santo, aunque al hombre le parezcan rectos y buenos. Es difícil juzgar con certeza si un espíritu bueno o malo te mueve a desear esto o aquello, o si eres movido por tu propio espíritu. Muchos han sido engañados al final, los que al principio parecían movidos por un espíritu bueno.

2. Por tanto, todo lo que te parezca deseable, debes desearlo y buscarlo siempre con temor de Dios y humildad de corazón, y sobre todo, debes renunciar por completo a ti mismo, y encomendármelo todo a Mí y decir: "Señor, tú sabes lo que es mejor; que sea esto o aquello, según Tú quieras. Da lo que quieras, tanto como quieras, cuando quieras. Haz de mí lo que mejor sabes, lo que mejor te agrade y lo que más te honre. Colócame donde Tú quieras y haz libremente tu voluntad conmigo en todas las cosas. Estoy en tu mano, y haz que siga mi curso. He aquí que soy tu siervo, dispuesto a todo, pues no quiero vivir para mí, sino para Ti. Oh, que pueda vivir digna y perfectamente".

3. Concédeme tu gracia, misericordiosísimo Jesús, para que actúe en mí y persevere en mí hasta el fin. Haz que siempre desee y anhele lo que te sea más agradable y querido. Que Tu voluntad sea la mía, y que mi voluntad siga siempre la Tuya, y concuerde enteramente con ella. Que pueda elegir y rechazar lo que Tú quieras; sí, que me sea imposible elegir o rechazar si no es de acuerdo con Tu voluntad.

4. Haz que muera a todas las cosas mundanas, y que por Ti ame ser despreciado y desconocido en este mundo. Concédeme, por encima de todas las cosas que pueda desear y descansar en Ti, y que en Ti mi corazón esté en paz. Tú eres la verdadera paz del corazón, sólo Tú eres su descanso; fuera de Ti todo es duro e inquieto. Sólo en Ti, Dios supremo y eterno, me acostaré en paz y descansaré (Sal 4:8). Amén.

CAPÍTULO XVI. *Del verdadero consuelo que hay que buscar sólo en Dios*

1. Todo lo que puedo desear o pensar para mi consuelo, no lo busco aquí, sino en el más allá. Porque si yo tuviera todos los consuelos de este mundo y pudiera gozar de todas sus delicias, es cierto que no durarían mucho. Por tanto, alma mía, sólo en Dios, Consolador de los pobres y Exaltador de los humildes, puedes ser plenamente consolada y perfectamente confortada. Espera un poco, alma mía, espera la divina promesa, y tendrás abundancia de todos los bienes del cielo. Si anhelas demasiado las cosas presentes, perderás las eternas y celestiales. Que las cosas temporales estén en el uso, las eternas en el deseo. No puedes estar satisfecho con ningún bien temporal, pues no fuiste creado para el disfrute de éstos.

2. Aunque tuvieras todos los bienes jamás creados, no podrías ser feliz y dichoso; toda tu bienaventuranza y tu felicidad residen en Dios, que creó todas las cosas; no la felicidad que parece buena al necio amante del mundo, sino la que esperan los buenos y fieles siervos de Cristo, y la que a veces saborean los puros de corazón y de espíritu, cuya conversación está en los cielos (Filip 3:20). Todo consuelo humano es vacío y efímero; bendito y verdadero es aquel consuelo que se siente interiormente, brotando de la verdad. El hombre piadoso lleva consigo en todas partes a su propio Consolador, Jesús, y le dice: "Quédate conmigo, Señor Jesús, siempre y en todo lugar. Que sea mi consuelo poder renunciar alegremente a todo consuelo humano. Y si Tu consuelo me falta, que Tu voluntad y justa aprobación estén siempre conmigo para mi mayor consuelo. Porque no siempre me reprenderás, ni para siempre guardarás tu enojo" (Sal 103:9).

CAPÍTULO XVII. *De que toda solicitud se ha de poner en Dios*

1. "Hijo mío, permíteme que haga contigo lo que quiera; yo sé lo que te conviene. Piensas como hombre, en muchas cosas juzgas según te persuade el afecto humano".

2. Señor, lo que Tú dices es verdad. Mayor es tu cuidado por mí que todo el cuidado que soy capaz de tener por mí mismo. Porque demasiado inseguro está el que no pone todo su cuidado en Ti. Señor, mientras mi voluntad esté recta y firme en Ti, haz de mí lo que quieras, pues todo lo que hagas conmigo no puede ser sino bueno. Bendito seas si me

dejas en las tinieblas; bendito seas también si me dejas en la luz. Bendito seas si me consuelas, y siempre bendito seas si me turbas.

3. "Hijo mío, así debes estar si quieres caminar conmigo. Debes estar preparado tanto para el sufrimiento como para la alegría. Debes ser pobre y necesitado tan de buena gana como pleno y rico".

4. Señor, de buena gana soportaré por Ti todo lo que Tú quieras que recaiga sobre mí. Sin elección recibiré de tu mano el bien y el mal, lo dulce y lo amargo, la alegría y la tristeza, y te daré gracias por todo lo que me suceda. Guárdame de todo pecado, y no temeré a la muerte ni al infierno. Sólo no me rechaces para siempre, ni me borres del libro de la vida. Entonces ninguna tribulación que venga sobre mí me hará daño.

CAPÍTULO XVIII. *De cómo las miserias temporales han de soportarse pacientemente a ejemplo de Cristo*

1. "¡Hijo mío! bajé del cielo para tu salvación; tomé sobre Mí tus miserias no por necesidad, sino atraído por el amor, para que aprendieras a tener paciencia y soportaras las miserias temporales sin murmurar. Porque desde la hora de Mi nacimiento, hasta Mi muerte en la Cruz, no cesé de soportar penas; tuve mucha carencia de cosas temporales; oí muchas veces muchos reproches contra Mí mismo; soporté suavemente contradicciones y palabras duras; recibí ingratitudes por Mis beneficios, blasfemias por Mis milagros, represiones por Mi doctrina".

2. Señor, porque fuiste paciente en tu vida, cumpliendo aquí ante todo el mandamiento de Tu Padre, conviene que yo, miserable pecador, permanezca pacientemente conforme a Tu voluntad, y mientras Tú lo quieras, lleve conmigo, para mi salvación, la carga de esta vida corruptible. Porque, aunque la vida presente parece gravosa, ya está muy llena de méritos por tu gracia, y a los débiles se les hace más fácil y más luminosa por tu ejemplo y las huellas de tus santos; pero también está mucho más llena de consuelo que antaño, bajo el antiguo Testamento, cuando la puerta del cielo permanecía cerrada; e incluso el camino al cielo parecía más oscuro cuando tan pocos se preocupaban de buscar el reino celestial. Pero ni siquiera los que entonces eran justos y estaban en camino de salvación pudieron, antes de tu Pasión y del rescate de tu santa Muerte, entrar en el reino de los cielos.

3. Oh cuán grandes gracias debo darte, que te has dignado mostrarme a mí y a todos los fieles el camino bueno y recto hacia tu reino eterno, porque tu camino es nuestro camino, y por santa paciencia caminamos hacia ti, que eres nuestra Corona. Si Tú no nos hubieras precedido y enseñado, ¿quién querría seguirte? Oh, ¡cuánto habrían retrocedido si no hubieran contemplado Tu glorioso ejemplo! He aquí que aún somos tibios, aunque hemos oído hablar de tus muchos signos y palabras; ¿qué sería de nosotros si no tuviéramos tal luz que nos ayudara a seguirte?

CAPÍTULO XIX. *De soportar las injurias, y quién será admitido como verdaderamente paciente*

1. ¿Qué dices, Hijo mío? Deja de quejarte; considera mi sufrimiento y el de mis santos. No has resistido aún hasta la sangre (Hbr 12:4). Es poco lo que sufres en comparación

con los que han padecido tantas cosas, han sido tan fuertemente tentados, tan penosamente atribulados, tantas veces probados y tentados. Debes, pues, acordarte de los sufrimientos más graves de los demás para poder soportar mejor los tuyos más leves, y si no te parecen poco, mira que no sea tu impaciencia la causa de ello. Pero sean pequeños o sean grandes, estudia a soportarlos todos con paciencia.

2. En la medida en que te propongas sufrir con paciencia, lo harás sabiamente y merecerás más mérito; también sufrirás con más facilidad si tu mente y tu hábito están cuidadosamente entrenados para ello. Y no digas: "No puedo soportar estas cosas de tal hombre, ni tampoco debo soportar cosas de este tipo, porque me ha hecho un grave daño y me imputa lo que nunca había sospechado; pero sufriré pacientemente las cosas que vea que debo sufrir". Necio es un pensamiento como éste, porque no considera la virtud de la paciencia, ni por quién ha de ser coronada esa virtud, sino que más bien pondera las personas y las ofensas contra uno mismo.

3. No es verdaderamente paciente el que sólo sufre hasta donde a él le parece bien y de quien le place. Pero el hombre verdaderamente paciente no considera por quién es probado, si por uno superior a él, o por un igual o inferior, si por un hombre bueno y santo, o por un perverso e indigno; sino que indiferentemente de toda criatura, cualquiera o cuantas veces le sobrevenga la adversidad, todo lo acepta agradecido de la mano de Dios y lo considera gran ganancia: porque para con Dios nada de lo que se soporta por su causa, por pequeño que sea, perderá su recompensa.

4. Prepárate, pues, para la lucha, si quieres obtener la victoria. Sin lucha no puedes ganar la corona de la paciencia; si no quieres sufrir, te niegas a ser coronado. Pero si deseas ser coronado, esfuérzate varonilmente, soporta pacientemente. Sin trabajo no te acercarás al descanso, ni sin lucha llegarás a la victoria.

5. Hazme posible, Señor, por gracia, lo que me parece imposible por naturaleza. Tú sabes cuán poco soy capaz de soportar, y cuán pronto me derribo cuando una adversidad semejante se levanta contra mí. Cualquier prueba o tribulación que me sobrevenga, que me sea grata y aceptable, porque sufrir y ser vejado por tu causa es sumamente saludable para el alma.

CAPÍTULO XX. *De la confesión de nuestra enfermedad y de las miserias de esta vida*

1. Reconoceré ante ti mi pecado (Sal 32:5). Te confesaré, Señor, mi debilidad. A menudo es una pequeñez la que me abate y me entristece. Me propongo actuar con valentía, pero cuando viene una pequeña tentación, inmediatamente me encuentro en un gran aprieto. Maravillosamente pequeño es a veces el asunto del que proviene una grave tentación, aunque yo me imagino a salvo por un pequeño instante; cuando no estoy meditando, a menudo me encuentro casi vencido por una pequeña ráfaga de viento.

2. Contempla, pues, Señor, mi humildad y mi fragilidad, que son totalmente conocidas por Ti. Ten piedad de mí y sácame del fango para que no me hunda (Sal 79:14), no sea que me quede abatido. Esto es lo que con frecuencia me hace retroceder y me confunde ante Ti, que soy tan propenso a caer, tan débil para resistir mis pasiones. Y aunque su ataque no es del todo de acuerdo a mi voluntad, es violento y doloroso, y me cansa del

todo vivir así diariamente en lucha. En esto se me manifiesta mi debilidad, en que las fantasías odiosas siempre se precipitan mucho más fácilmente de lo que se alejan.

3. Oh, que Tú, poderosísimo Dios de Israel, Amante de todas las almas fieles, mires el trabajo y el dolor de Tu siervo, y le ayudes en todo aquello por lo que lucha. Afiánzame con la fortaleza celestial, no sea que el hombre viejo, esta carne miserable, no estando todavía completamente sometida al espíritu, prevalezca para gobernarme; contra lo cual debo luchar mientras permanezca en esta vida tan miserable. Oh, qué vida es ésta, donde las tribulaciones y las miserias no cesan, donde todas las cosas están llenas de trampas y de enemigos, porque cuando pasa una tribulación o tentación, viene otra, sí, mientras el conflicto anterior todavía está haciendo estragos, otros vienen más numerosos e inesperados.

4. Y cómo puede amarse la vida del hombre, viendo que tiene tantas amarguras, que está sujeta a tantas calamidades y miserias. ¿Cómo puede siquiera llamarse vida, cuando produce tantas muertes y pestes? A menudo se reprocha al mundo que es engañoso y vano, y sin embargo no se le abandona fácilmente, porque las concupiscencias de la carne se enseñorean demasiado de él. Unos nos atraen al amor, otros al odio. La concupiscencia de la carne, la concupiscencia de los ojos y la soberbia de la vida, éstas atraen al amor del mundo; pero los castigos y las miserias que justamente siguen a estas cosas, producen odio al mundo y hastío.

5. Pero, ¡ay! un mal deseo conquista una mente entregada al mundo, y piensa que es felicidad estar bajo las ortigas (Job 30:7) porque no saborea ni percibe la dulzura de Dios ni la gracia interior de la virtud. Pero quienes desprecian perfectamente al mundo y se esfuerzan por vivir para Dios en santa disciplina, éstos no ignoran la dulzura divina prometida a todos los que verdaderamente renuncian a sí mismos y ven claramente cuán gravemente yerra el mundo y de cuántas maneras se engaña.

CAPÍTULO XXI. *De que debemos descansar en Dios por encima de todos los bienes y dones*

1. Descansa siempre en el Señor, alma mía, sobre todas las cosas y en todas las cosas, porque Él mismo es el eterno descanso de los santos. Concédeme, dulcísimo y amantísimo Jesús, descansar en Ti por encima de toda criatura, por encima de toda salud y hermosura, por encima de toda gloria y honor, por encima de todo poder y dignidad, por encima de toda ciencia y destreza, por encima de toda riqueza y arte, por encima de toda alegría y júbilo, por encima de toda fama y alabanza, por encima de toda dulzura y consuelo, por encima de toda esperanza y promesa, por encima de todo mérito y deseo, por encima de todos los dones y recompensas que Tú puedes dar y derramar, por encima de toda alegría y júbilo que la mente es capaz de recibir y sentir; en una palabra, por encima de los ángeles y arcángeles y de todo el ejército del cielo, por encima de todas las cosas visibles e invisibles, y por encima de todo lo que Tú, oh Dios mío, no eres.

2. Porque Tú, oh Señor, Dios mío, eres el mejor sobre todas las cosas; Tú sólo eres el Altísimo, Tú sólo el Todopoderoso, Tú sólo el Todo-suficiente, y la Plenitud de todas las cosas; Tú sólo el Todo-delicioso y el Todo-confortante; Tú sólo el todo amable y todo amoroso; Tú sólo el Más Exaltado y Más Glorioso sobre todas las cosas; en Quien todas

las cosas son, y fueron, y siempre serán, todas juntas y todas perfectas. Y por eso es insuficiente todo lo que Tú me das sin Ti mismo o todo lo que Tú revelas o prometes acerca de Ti mismo, mientras Tú no seas visto o poseído plenamente: pues en verdad mi corazón no puede descansar verdaderamente ni estar enteramente contento, a menos que descanse en Ti, y vaya más allá de todos los dones y de toda criatura.

3. Oh mi amadísimo Esposo, Jesucristo, santísimo amante de mi alma, soberano de toda esta Creación, ¿quién me dará las alas de la verdadera libertad, para que pueda huir a Ti y encontrar descanso? Oh, ¿cuándo me será dado abrirme para recibirte plenamente, y ver cuán dulce eres, oh Señor mi Dios? Cuándo me recogeré totalmente en Ti, para que por Tu amor no me considere a mí mismo en absoluto, sino que te conozca sólo a Ti por encima de todo sentido y medida, con una medida desconocida para los demás. Pero ahora a menudo gimo, y llevo mi triste estado con tristeza; porque muchos males me suceden en este valle de miserias que continuamente me perturban y me llenan de tristeza, y me envuelven, continuamente me impiden y me llenan de cuidado, me seducen y me enredan, para que no pueda tener libre acceso a Ti, ni disfrutar de esa dulce relación que está siempre cerca de los espíritus benditos. Permite que mi profundo gemido llegue ante Ti, y mi desolación se manifieste en la tierra.

4. Oh Jesús, Luz de Gloria Eterna, consuelo del alma errante, ante Ti mi boca no tiene palabras, y mi silencio te habla. ¿Cuánto tardará mi Señor en venir a mí? Que venga a mí, que soy pobre y humilde, y me alegre. Que extienda Su mano y libre a Su santo de toda trampa. Ven, oh ven; porque sin Ti no habrá día ni hora de gozo, porque Tú eres mi gozo, y sin Ti mi mesa está vacía. Soy miserable, y estoy en verdad encarcelado y cargado de grilletes, hasta que me refresques con la luz de Tu presencia, y me des libertad, y muestres Tu amoroso semblante.

5. Que otros busquen otra cosa en lugar de Ti, lo que sea que les agrade; pero por mi parte nada más me agrada o agradará, excepto Tú, mi Dios, mi esperanza, mi salvación eterna. No callaré, ni cesaré de implorar, hasta que vuelva Tu gracia, y hasta que Tú me hables interiormente.

6. "¡Heme aquí! He aquí que vengo a ti, porque tú me llamaste". Tus lágrimas y el anhelo de tu alma, tu humildad y contrición de corazón Me han inclinado, y Me han traído a ti".

7. Y dije: Señor, te he invocado, y he deseado gozar de Ti, estando dispuesto a rechazarlo todo por Ti. Porque Tú me moviste primero a buscarte. Por tanto, bendito seas, Señor, que has hecho esta buena obra con tu siervo, según la abundancia de tu misericordia. Qué tiene, pues, que decir tu siervo en tu presencia, sino humillarse mucho delante de ti, consciente siempre de su propia iniquidad y vileza. Porque no hay nadie como Tú en todas las maravillas del cielo y de la tierra. Excelentes son tus obras, verdaderos tus juicios, y por tu Providencia se gobiernan todas las cosas. Por tanto, alabanza y gloria sean para Ti, oh Sabiduría del Padre, que mi boca y mi alma y todas las cosas creadas Te alaben y bendigan juntas.

CAPÍTULO XXII. *Del recuerdo de los muchos beneficios de Dios*

1. Abre, Señor, mi corazón a Tu ley, y enséñame a andar por el camino de Tus mandamientos. Concédeme comprender tu voluntad y recordar Tus beneficios, tanto generales como particulares, con gran reverencia y diligente meditación, para que así

pueda dignamente darte gracias. Sin embargo, sé y confieso que no puedo rendirte las debidas alabanzas por la menor de Tus misericordias. Soy menos que el menor de todos los bienes que me diste; y cuando considero Tu majestad, mi espíritu desfallece por su grandeza.

2. Todas las cosas que tenemos en el alma y en el cuerpo, y cualesquiera que poseamos, ya sea exterior o interiormente, natural o sobrenaturalmente, son tus buenos dones, y demuestran que Tú, de quien todo lo hemos recibido, eres bueno, amable y bondadoso. Aunque uno reciba muchas cosas y otro menos, todo es Tuyo, y sin Ti no se puede poseer ni lo más mínimo. El que ha recibido más no puede jactarse de que sea por mérito propio, ni alzarse por encima de los demás, ni despreciar a los que están por debajo de él; porque es mayor y mejor el que menos se atribuye a sí mismo, y al dar gracias es el más humilde y devoto; y el que se tiene por más vil que todos, y se juzga más indigno, es el más apto para recibir cosas mayores.

3. Pero el que ha recibido menos dones no debe desanimarse, ni tomarlo a mal, ni envidiar al que es más rico; antes bien, debe mirarte a Ti y ensalzar grandemente tu bondad, porque derramas tus dones tan abundantemente, tan libre y generosamente, sin acepción de personas. Todas las cosas proceden de Ti; por tanto, en todas las cosas serás alabado. Tú sabes lo que es mejor dar a cada uno; y por qué éste tiene menos y aquél más, no nos corresponde a nosotros sino a Ti entenderlo, pues Tú conoces plenamente los méritos de cada uno.

4. Por eso, Señor Dios, considero que es un gran beneficio no tener muchas cosas, por las cuales la alabanza y la gloria puedan verse exteriormente, y según el pensamiento de los hombres. Porque el que considera su propia pobreza y vileza, no sólo no debe sacar de ello pena ni tristeza, ni tristeza de espíritu, sino más bien consuelo y alegría; porque Tú, Señor, has escogido a los pobres y humildes, y a los que son débiles en este mundo, para que sean tus amigos y conocidos. Así lo atestiguan todos tus apóstoles, a quienes constituiste príncipes en todas las tierras. Sin embargo, ellos tuvieron en este mundo una conducta intachable, tan humildes y mansos, sin malicia ni engaño, que hasta se regocijaban de sufrir represiones por causa de tu Nombre (Hch 5:41), y lo que el mundo aborrece, ellos lo abrazaban con gran alegría.

5. Por tanto, nada debe alegrar tanto a quien te ama y conoce tus beneficios, como tu voluntad para con él y el beneplácito de Tu eterna Providencia, con lo cual debe estar tan contento y reconfortado, que tan dispuesto estaría a ser el más pequeño como cualquier otro a ser el más grande, tan tranquilo y contento en el lugar más bajo como en el más alto, y tan dispuesto a ser tenido en poca y baja estima y sin nombre ni reputación como a ser más honrado y más grande en el mundo que los demás. Porque Tu voluntad y el amor a Tu honra deben anteponerse a todas las cosas, y agradarle y confortarle más, que todos los beneficios que se dan o pueden darse a sí mismo.

CAPÍTULO XXIII. *De cuatro cosas que traen gran paz*

1. "Hijo mío, ahora te enseñaré el camino de la paz y de la verdadera libertad".

2. Haz, Señor mío, lo que Tú dices, pues esto me agrada oír.

3. "Esfuérzate, hijo mío, por hacer la voluntad ajena antes que la propia. Elige siempre tener menos en vez de más. Busca siempre el lugar más bajo, y estar sujeto a todos. Desea siempre y ruega que se cumpla en ti la voluntad de Dios. He aquí que un hombre así entra en la herencia de la paz y la tranquilidad".

4. Oh Señor mío, este breve discurso tiene mucho de perfecto. Es corto en palabras, pero lleno de significado y abundante en frutos. Porque si fuera posible que lo cumpliera cabalmente, la turbación no surgiría tan fácilmente dentro de mí. Porque tan a menudo como me siento inquieto y agobiado, descubro que me he apartado de esta enseñanza. Pero Tú, que eres Todopoderoso y amas siempre el progreso del alma, concédeme más gracia, para que pueda cumplir tu exhortación y llevar a cabo mi salvación.

ORACIÓN CONTRA LOS MALOS PENSAMIENTOS

5. Señor Dios mío, no te alejes de mí, Dios mío, apresúrate a ayudarme (Sal 71:12), porque muchos pensamientos y grandes temores se han levantado contra mí, afligiendo mi alma. ¿Cómo pasaré por ellos sin ser herido? ¿Cómo los atravesaré?

6. "Yo", dice Él, "iré delante de ti y enderezaré los caminos torcidos" (Is 45:2) abriré las puertas de la cárcel y te revelaré los lugares secretos.

7. Haz, Señor, lo que Tú dices, y que todos los malos pensamientos se alejen ante Tu rostro. Esta es mi esperanza y mi único consuelo, volar hacia Ti en toda tribulación, esperar en Ti, invocarte de corazón y esperar pacientemente tu amorosa bondad.

UNA ORACIÓN PARA LA ILUMINACIÓN DE LA MENTE

8. Ilumíname, bendito Jesús, con el resplandor de tu luz interior, y expulsa todas las tinieblas de la morada de mi corazón. Refrena mis muchos pensamientos errantes, y aleja las tentaciones que se esfuerzan por hacerme daño. Lucha poderosamente por mí y expulsa a las malas bestias, así como a las lujurias seductoras, para que haya paz dentro de tus muros y alabanzas abundantes en tus palacios (Sal 122:7), incluso en mi conciencia pura. Manda a los vientos y a las tempestades, di al mar: "Calla", di al viento tempestuoso: "Calla", así habrá una gran calma.

9. Envía Tu luz y Tu verdad (Sal 43:3), para que brillen sobre la tierra; porque yo no soy más que tierra sin forma y vacía hasta que Tú me des tu luz. Derrama tu gracia desde lo alto; riega mi corazón con el rocío del cielo; haz que las aguas de la devoción rieguen la faz de la tierra, y haz que produzca frutos buenos y perfectos. Levanta mi mente que está oprimida por el peso de los pecados, y eleva todo mi deseo a las cosas celestiales; que habiendo gustado la dulzura de la felicidad que es de lo alto, no se complazca en pensar en las cosas de la tierra.

10. Arrástrame y líbrame de todo consuelo inestable de las criaturas, pues ninguna cosa creada es capaz de satisfacer mi deseo y darme consuelo. Úneme a Ti por el vínculo inseparable del amor, pues sólo Tú eres lo que basta al que te ama, y sin Ti todas las cosas son vanos juguetes.

CAPÍTULO XXIV. *De evitar la curiosa indagación en la vida ajena*

1. Hijo mío, no seas curioso, ni te afanes con preocupaciones vanas. ¿Qué es eso para ti? Sígueme (Jn 21:22). Porque ¿qué te importa si un hombre es esto o aquello, o si dice o hace así o asá? No tienes necesidad de responder por otros, sino que debes responder por ti mismo. ¿Por qué, pues, te enredas? He aquí, yo conozco a todos los hombres, y veo todas las cosas que se hacen bajo el sol; y sé cómo es cada uno, lo que piensa, lo que quiere, y a qué fin llegan sus pensamientos. Todas las cosas, pues, han de encomendarse a Mí; vigílate a ti mismo en piadosa paz, y deja al que esté inquieto que esté inquieto como quiera. Todo lo que haga o diga, le llegará, pues a Mí no puede engañarme.

2. No te preocupes por la sombra de un gran nombre, ni por la amistad de muchos, ni por el amor de los hombres hacia ti. Porque estas cosas engendran distracción y grandes dolores de corazón. Mi palabra te hablaría libremente, y te revelaría secretos, si tan sólo buscaras diligentemente mi presencia, y me abrieras las puertas de tu corazón. Sé sobrio y vela en oración (1Pe 4:7), y humíllate en todo.

CAPÍTULO XXV. *En qué consiste la firme paz del corazón y el verdadero provecho*

1. Hijo mío, os he dicho: La paz os dejo, mi paz os doy, y no os la doy como la da el mundo (Jn 14:27). Todos los hombres desean la paz, pero no todos se preocupan de las cosas que pertenecen a la verdadera paz. Mi paz está con los pobres y humildes de corazón. Tu paz será en la mucha paciencia. Si me oyeras y siguieras mi voz, gozarías de mucha paz.

2. ¿Qué haré, pues, Señor?

3. En todo cuídate de lo que haces y de lo que dices; y dirige todos tus propósitos a esto: a complacerme sólo a Mí, y no desees ni busques nada fuera de Mí. Pero, además, no juzgues nada precipitadamente sobre las palabras o hechos de los demás, ni te inmiscuyas en asuntos que no te están encomendados; y así podrá ser que seas perturbado poco o raramente. Sin embargo, no sentir nunca ninguna inquietud, ni sufrir ningún dolor de corazón o de cuerpo, esto no pertenece a la vida presente, sino que es el estado del descanso eterno. Por tanto, no consideres que has encontrado la verdadera paz si no has sentido ninguna pena; ni que entonces todo está bien si no tienes adversario; ni que esto es perfecto si todas las cosas salen según tu deseo. Tampoco te consideres grande, ni pienses que eres especialmente amado, si estás en un estado de gran fervor y dulzura de espíritu; porque no por estas cosas se conoce al verdadero amigo de la virtud, ni en ellas consiste el provecho y la perfección del hombre.

4. ¿En qué, pues, Señor?

5. En ofrecerte de todo corazón a la Divina Voluntad, en no buscar las cosas que son tuyas, sean grandes o pequeñas, sean temporales o eternas; de modo que permanezcas con el mismo semblante firme dando gracias entre la prosperidad y la adversidad, pesando todas las cosas en igual balanza. Si eres tan valiente y paciente en la esperanza que cuando el consuelo interior te es quitado, prepara tu corazón para soportar más, y no te justifiques a ti mismo, como si no debieras sufrir estas cosas pesadas, sino justifícame

a Mí en todas las cosas que Yo designo, y bendice Mi Santo Nombre, entonces caminarás en el camino verdadero y correcto de la paz, y tendrás una esperanza segura de que volverás a contemplar Mi rostro con alegría. Porque si llegas a un total desprecio de ti mismo, debes saber que entonces gozarás de abundante paz, tanto como resulte posible allí donde no eres más que un caminante.

CAPÍTULO XXVI. *De la exaltación del espíritu libre, que merece más la oración humilde que la lectura frecuente*

1. Señor, ésta es la obra de un hombre perfecto, no desviar nunca su atención de las cosas celestiales, y entre tantos cuidados pasar como sin cuidado, no a la manera de quien es indiferente, sino más bien teniendo el privilegio de una mente libre, sin apegarse a ninguna criatura con afecto desordenado.

2. Te suplico, mi misericordiosísimo Señor Dios, que me preserves de los afanes de esta vida, para que no me enrede demasiado; de las muchas necesidades del cuerpo, para que no me cautive el placer; de todos los obstáculos del espíritu, para que no me quebrante y abata con las preocupaciones. No hablo de aquellas cosas que la vanidad del mundo persigue con todo afán, sino de aquellas miserias que, por la maldición universal de la mortalidad, pesan y detienen el alma de tu siervo en el castigo, para que no pueda entrar en la libertad de espíritu, tantas veces como quisiera.

3. Oh Dios mío, dulzura inefable, convierte en amargura todo mi consuelo carnal, ya que me aparta del amor de las cosas eternas, y me atrae inicuamente hacia sí, poniéndome delante algún deleite presente. No permitas, oh Dios mío, que la carne y la sangre prevalezcan sobre mí, que el mundo y su corta gloria no me engañen, que el diablo y su astucia no me suplanten. Dame valor para resistir, paciencia para soportar, constancia para perseverar. Concede, en lugar de todos los consuelos del mundo, la dulcísima unción de tu Espíritu, y en lugar del amor carnal, derrama en mí el amor de tu Nombre.

4. He aquí que el alimento y la bebida y el vestido, y todas las demás necesidades relativas al sustento del cuerpo, son una carga para el espíritu devoto. Concédeme que use estas cosas con moderación y que no me enrede con un afecto desmesurado por ellas. Desechar todas estas cosas no es lícito, porque la naturaleza debe ser sostenida, pero requerir superfluidades y cosas que meramente proporcionan deleite, la santa ley lo prohíbe; porque de otro modo la carne se volvería insolente contra el espíritu. En todas estas cosas, te ruego, guíame y enséñame tu mano, para que no me exceda en nada.

CAPÍTULO XXVII. *Del amor personal como gran obstáculo para el sumo bien*

1. Hijo mío, debes darlo todo por todos y no ser nada tuyo. Has de saber que el amor a ti mismo te perjudica más que nada en el mundo. Según el amor y la inclinación que tengas, todo se te adhiere más o menos. Si tu amor es puro, sincero, ordenado, no estarás cautivo de nada. No codicies lo que no puedas tener; no tengas lo que pueda estorbarte y robarte la libertad interior. Es maravilloso que te comprometas conmigo desde el fondo de tu corazón, con todas las cosas que puedas desear o tener.

2. ¿Por qué te consumes con penas vanas? ¿Por qué te fatigas con preocupaciones superfluas? Permanece junto a Mi buena voluntad, y no sufrirás ninguna pérdida. Si buscas esto o aquello, y estar aquí o allá, según tu provecho o el cumplimiento de tu propio placer, nunca estarás tranquilo, ni libre de preocupaciones, porque en todo se encontrará algo que te falte, y en todas partes habrá alguien que se te oponga.

3. Por tanto, no es ganar o multiplicar esto o aquello lo que te aprovecha, sino más bien despreciarlo y cortarlo de raíz de tu corazón; cosa que no sólo debes entender del dinero y las riquezas, sino del deseo de honra y vana alabanza, cosas que todas pasan con el mundo. El lugar sirve de poco si falta el espíritu de devoción; ni durará mucho la paz que se busca en el extranjero, si el estado de tu corazón carece del verdadero fundamento, es decir, si no permanece en Mí. Puedes cambiar, pero no puedes mejorarte a ti mismo; porque cuando surja la ocasión y sea aceptada, encontrarás aquello de lo que huías, y aún más.

ORACIÓN POR LA PURIFICACIÓN DEL CORAZÓN Y POR LA SABIDURÍA CELESTIAL

4. Fortaléceme, oh Dios, por la gracia de tu Santo Espíritu. Dame virtud para que sea robustecido con fuerza en mi interior, y para que libere mi corazón de toda preocupación y aflicción infructuosas, y para que no sea arrastrado por diferentes deseos en pos de cualquier cosa, sea de poco o de mucho valor, sino que considere que todo pasa, y que yo mismo paso con ello; porque no hay provecho bajo el sol, y todo es vanidad y aflicción de espíritu (Ecl 2:11). ¡Oh, qué sabio es el que así piensa!

5. Dame, Señor, sabiduría celestial, para que aprenda a buscarte sobre todas las cosas y a encontrarte; a gustarte sobre todas las cosas y a amarte; y a comprender todas las demás cosas, tal como son, según el orden de tu sabiduría. Concédeme evitar con prudencia al adulador, y soportar con paciencia al que se me opone; porque ésta es de gran sabiduría, no dejarse llevar de todo viento de palabras, ni dar oídos a la perversa sirena aduladora; pues así avanzaremos con seguridad por el camino que hemos comenzado.

CAPÍTULO XXVIII. *Contra las lenguas de los detractores*

1. Hijo mío, no tomes a mal que algunos piensen mal de ti y digan de ti lo que no quieres oír. Debes pensar peor de ti mismo, y no creer a nadie más débil que tú. Si caminas interiormente, no sopesarás las palabras volubles por encima de su valor. No es poca prudencia guardar silencio en un tiempo malo y volverse interiormente a Mí, y no turbarse por el juicio humano.

2. No dejes que tu paz dependa de la palabra de los hombres; porque juzguen bien o mal de ti, no eres, pues, otro hombre que tú mismo. ¿Dónde está la verdadera paz o la verdadera gloria? ¿No está en Mí? Y el que no busca agradar a los hombres, ni teme desagradar, gozará de abundante paz. Del amor desordenado y del temor vano surge toda inquietud del corazón y toda distracción de los sentidos.

CAPÍTULO XXIX. *De cómo cuando viene la tribulación debemos invocar y bendecir a Dios*

1. Bendito sea por siempre tu nombre, Señor, que has querido que me sobrevenga esta tentación y esta angustia. No puedo escapar de ella, sino que tengo necesidad de acudir a

Ti, para que me socorras y la transformes para mi bien. Señor, ahora estoy en tribulación, y mi corazón no está bien, sino que estoy muy afligido por el sufrimiento que me acecha. Y ahora, oh Padre querido, ¿qué diré? Estoy atrapado entre las trampas. Sálvame de esta hora, pero por esta causa he llegado a esta hora (Jn 12:27), para que Tú seas glorificado cuando yo esté profundamente humillado y sea liberado por Ti. Que te agrade librarme (Sal 40:16); porque ¿qué puedo hacer yo que soy pobre, y sin Ti adónde iré? Dame paciencia también esta vez. Ayúdame, Señor Dios mío, y no temeré por mucho que me agobie.

2. Y ahora, en medio de estas cosas, ¿qué diré? Señor, hágase tu voluntad. Bien he merecido ser turbado y agobiado. Por tanto, debo soportarlo, ojalá con paciencia, hasta que pase la tempestad y vuelva el consuelo. Sin embargo, tu brazo omnipotente puede también apartar de mí esta tentación y disminuir su poder para que no caiga completamente bajo ella, como muchas veces me has ayudado, oh Dios, mi Dios misericordioso. Y así como esta liberación es difícil para mí, así de fácil es para Ti, oh diestra del Altísimo.

CAPÍTULO XXX. *De la búsqueda del auxilio divino y la confianza de obtener la gracia*

1. Hijo mío, yo, el Señor, soy un baluarte en el día de la angustia (Nahum 1:7). Ven a mí cuando no te vaya bien. Esto es lo que más impide el consuelo celestial: que te entregues demasiado lentamente a la oración. Porque antes de buscarme sinceramente, buscas primero muchos medios de consuelo, y te sosiegas en las cosas exteriores; así sucede que todas las cosas te aprovechan poco hasta que aprendes que soy Yo quien libra a los que confían en Mí; ni fuera de Mí hay ayuda fuerte, ni consejo provechoso, ni remedio duradero. Pero ahora, recobrando el ánimo después de la tempestad, fortalécete a la luz de mis misericordias, porque estoy cerca, dice el Señor, para restaurar todas las cosas no sólo como estaban al principio, sino también abundantemente y unas sobre otras.

2. Porque, ¿acaso hay algo demasiado difícil para Mí, o seré como aquel que dice y no hace? ¿Dónde está tu fe? Permanece firme y perseverante. Sé sufrido y fuerte. La consolación te llegará a su debido tiempo. Espérame; sí, espera; vendré y te curaré. Es la tentación la que te aflige, y un temor vano el que te aterroriza. ¿Qué te trae la preocupación por los acontecimientos futuros, sino tristeza sobre tristeza? Suficiente para la jornada es su propio mal (Mt 6:34). Es vano e inútil perturbarse o envanecerse por cosas futuras que tal vez nunca lleguen.

3. Pero es la naturaleza del hombre ser engañado por fantasías de esta clase, y es signo de una mente todavía débil dejarse arrastrar tan fácilmente por la sugestión del enemigo. Porque a él no le importa si engaña y seduce por caminos verdaderos o falsos; si te arroja por el amor del presente o por el temor del futuro. Por tanto, no se turbe tu corazón, ni tenga miedo. Cree en Mí y confía en Mi misericordia (Jn 14:27; Sal 13:5). Cuando creas que estás lejos de Mí, a menudo Yo estoy más cerca. Cuando creas que casi todo está perdido, entonces suele haber mayor oportunidad de ganancia. No todo está perdido cuando algo va en contra de tus deseos. No debes juzgar de acuerdo con el sentimiento presente, ni tomar o ceder ante cualquier pena que te sobrevenga, como si toda esperanza de escapar te fuera arrebatada.

4. No te creas totalmente abandonado, aunque por el momento te haya enviado alguna tribulación, o incluso te haya retirado algún preciado consuelo; porque éste es el camino que conduce al Reino de los Cielos. Y sin duda es mejor para ti y para todos Mis otros siervos, que seáis probados por las adversidades, antes que tener todas las cosas como queréis. Yo conozco tus pensamientos ocultos: y que es muy necesario para la salud de tu alma que a veces te quedes sin gozo, no sea que te envanezcas por la prosperidad, y desees complacerte con lo que no eres. Lo que he dado puedo quitarlo, y restituirlo a Mi beneplácito.

5. Cuando haya dado, es mío; cuando haya quitado, no he tomado lo que es tuyo; porque todo don bueno y todo don perfecto (Sant 1:17) viene de mí. Si te enviare pena o aflicción, no te enojes, ni se entristezca tu corazón; yo puedo levantarte pronto y cambiar toda carga en gozo. Pero cuando hago así contigo, soy justo y digno de gran alabanza.

6. Si lo consideras correctamente y lo miras con verdad, nunca deberías estar tan tristemente abatido a causa de la adversidad, sino más bien deberías alegrarte y dar gracias; sí, en verdad considerar como la mayor alegría que Yo te aflija con dolores y no te perdone. Como mi Padre me amó, así os amo yo a vosotros (Jn 15:9); así he hablado a mis amados discípulos, a quienes no envié a alegrías mundanas, sino a grandes fatigas; no a honores, sino a oprobios; no a comodidades, sino a trabajos; no a descanso, sino a dar mucho fruto con paciencia. Hijo mío, recuerda estas palabras.

CAPÍTULO XXXI. *Del olvido de toda criatura, para encontrar al Creador*

1. Oh Señor, todavía necesito más gracia, si quiero llegar adonde ni el hombre ni ninguna otra criatura puedan impedírmelo. Porque mientras algo me retenga, no podré volar libremente hacia Ti. Así deseaba volar el que clamaba, diciendo: ¡Oh, si tuviera alas como una paloma, porque entonces huiría y descansaría! ¿Qué hay más apacible que el ojo sencillo? ¿Y qué más libre que aquel que no desea nada en la tierra? Por lo tanto, el hombre debe elevarse por encima de toda criatura, y abandonarse perfectamente a sí mismo, y con mente abstraída pararse y contemplar que Tú, el Creador de todas las cosas, no tienes entre Tus criaturas nada semejante a Ti mismo. Y a menos que un hombre se libere de todas las criaturas, no podrá alcanzar libremente las cosas Divinas. Por eso se encuentran pocos que se entreguen a la contemplación, porque pocos saben separarse enteramente de las cosas perecederas y creadas.

2. Para esto es necesaria mucha gracia, para elevar el alma y ponerla por encima de sí misma. Y a menos que un hombre sea elevado en el espíritu, y liberado de todas las criaturas, y unido por completo a Dios, todo lo que sabe, todo lo que tiene, poco importa. El que estima grande cualquier cosa, fuera de lo único incomprensible, eterno, bueno, por mucho tiempo será pequeño y yacerá humillado. Porque todo lo que no es Dios no es nada, y debe ser tenido por nada. Grande es la diferencia entre un hombre piadoso, iluminado con sabiduría, y un erudito docto en conocimientos y dado a los libros. Es mucho más noble la doctrina que desciende de la plenitud divina que la que se adquiere laboriosamente mediante el estudio humano.

3. Hay muchos que desean la contemplación, pero no se esfuerzan por practicar las cosas que se requieren para ello. También es un gran impedimento el que se recurra mucho a

los símbolos y signos externos, y demasiado poco a la mortificación completa. No sé cómo es, y por qué espíritu somos guiados, y qué es lo que pretendemos los que queremos ser considerados espirituales, que ponemos tanto empeño y tan ansiosa solicitud en cosas transitorias y sin valor, y apenas reunimos nuestros sentidos para pensar en nuestra condición interior.

4. ¡Ah, yo! En seguida, después de un poco de recogimiento, nos apresuramos a salir y no sometemos nuestras acciones a un examen estricto. No prestamos atención a dónde están puestos nuestros afectos, y no nos lamentamos de que todas las cosas que nos pertenecen estén tan contaminadas. Porque por haberse corrompido toda carne sobre la tierra, vino el gran diluvio. Por lo tanto, puesto que nuestros afectos más íntimos están muy corrompidos, se sigue necesariamente que nuestras acciones también estén corrompidas, siendo el indicador de una fuerza interior deficiente. De un corazón puro procede el fruto de la vida buena.

5. Preguntamos cuánto ha hecho un hombre; pero no se considera tan estrechamente cuánta virtud ha tenido. Preguntamos si es fuerte, rico, apuesto, inteligente, si es buen escritor, buen cantante, buen obrero; pero cuán pobre puede ser en espíritu, cuán paciente y gentil, cuán devoto y contemplativo, sobre estas cosas muchos guardan silencio. La naturaleza mira la apariencia externa del hombre, la gracia dirige su pensamiento al corazón. La primera juzga con frecuencia mal; la segunda confía en Dios, para no ser engañada.

CAPÍTULO XXXII. De la abnegación y del despojo de todo egoísmo

1. Hijo mío, no puedes poseer la libertad perfecta si no te niegas totalmente a ti mismo. Son esclavos todos los que poseen riquezas, los que se aman a sí mismos, los egoístas, los curiosos, los inquietos; los que buscan siempre las cosas fáciles, y no las de Jesucristo; los que planean e idean continuamente lo que no permanecerá. Porque todo lo que no viene de Dios perecerá. Aférrate al dicho breve y cabal: "Renuncia a todas las cosas, y hallarás todas las cosas; abandona tu lujuria, y hallarás descanso". Medita sobre esto en tu mente, y cuando estés lleno de ello, entenderás todas las cosas.

2. Oh Señor, esto no es obra de un día, ni juego de niños; verdaderamente en este breve dicho se encierra toda la perfección del religioso.

3. Hijo mío, no debes desviarte ni abatirte inmediatamente porque hayas oído el camino de los perfectos. Más bien debes ser estimulado a metas más altas, y cuando menos anhelarlas. Oh, que así fuera contigo, y que hubieras llegado a esto, que no fueras un amante de ti mismo, sino que estuvieras siempre dispuesto a Mi guiño, y al que he puesto sobre ti como tu padre. Entonces Me complacerías sobremanera, y toda tu vida transcurriría en alegría y paz. Aún tienes muchas cosas a las que renunciar, y si no renuncias a ellas por completo, no obtendrás lo que buscas. Yo te aconsejo que compres de Mí oro probado en el fuego, para que seas rico (Ap 3:18), es decir, sabiduría celestial, que desprecia todas las cosas viles. Aparta de ti la sabiduría terrenal y todo placer, ya sea común a los hombres o propio.

4. Te digo que debes adquirir las cosas viles con las que son costosas y grandes en la estima de los hombres. Porque maravillosamente vil y pequeña, y casi entregada al olvido, aparece la verdadera sabiduría celestial, que no piensa cosas elevadas de sí misma, ni busca ser magnificada en la tierra; muchos la honran con sus labios, pero en el corazón están lejos de ella; en verdad es la perla preciosa, la que está escondida de muchos.

CAPÍTULO XXXIII. *De la inestabilidad del corazón, y de dirigir la mirada hacia Dios*

1. Hijo mío, no confíes en tus sentimientos, porque lo que es ahora se cambiará rápidamente en otra cosa. Mientras vivas estarás sujeto al cambio, aunque no quieras; de modo que ahora te encontrarás alegre, ahora triste; ahora en paz, ahora inquieto; ahora devoto, ahora impío; ahora estudioso, ahora descuidado; ahora triste, ahora alegre. Pero el hombre sabio, y el que es verdaderamente docto de espíritu, se mantiene por encima de estas cosas cambiantes, atento no a lo que pueda sentir en sí mismo, o de qué parte pueda soplar el viento, sino a que toda la intención de su mente le lleve al fin debido y tan deseado. Porque así podrá permanecer inmutable e inamovible, con el único ojo de su deseo firmemente fijo en Mí, a través de los múltiples cambios del mundo.

2. Pero según sea más puro el ojo de la intención, así el hombre se abrirá camino firmemente a través de las múltiples tormentas. Pero en muchos el ojo de la intención pura se oscurece; porque se posa rápidamente en cualquier cosa agradable que ocurre, y rara vez se encuentra a alguien totalmente libre de la mancha del egoísmo. Así, los judíos de antaño fueron a Betania, a casa de Marta y María, para ver no a Jesús, sino a Lázaro, a quien había resucitado de entre los muertos (Jn 12:9). Por tanto, el ojo de la intención debe ser purificado, para que sea sencillo y recto, y por encima de todas las cosas que se interpongan en su camino, se dirija a Mí.

CAPÍTULO XXXIV. *De que al que ama a Dios le es dulce sobre todas las cosas y en todas las cosas*

1. He aquí, Dios es mío, y todas las cosas son mías. ¿Qué más quiero, y qué cosa más feliz puedo desear? ¡Oh mundo feliz y dulce! Es decir, para el que ama la Palabra, no el mundo, ni las cosas que hay en el mundo (1Jn 2:15). ¡Dios mío, mi todo! Al que entiende, le basta esa palabra, y repetirla a menudo es agradable al que la ama. Cuando Tú estás presente todas las cosas son agradables; cuando Tú estás ausente, todas las cosas son fatigosas. Tú haces que el corazón descanse, le das una paz profunda y una alegría festiva. Tú haces que piense rectamente en todos los asuntos, y que en todos los asuntos te alabe; nada puede agradar por mucho tiempo sin Ti, sino que si quiere ser agradable y de dulce sabor, debe tener Tu gracia, y es Tu sabiduría la que debe darle un dulce sabor.

2. ¿Qué puede ser desagradable para quien te prueba? Y al que no te prueba, ¿qué puede alegrarle? Pero los sabios mundanos, y los que disfrutan de la carne, éstos fracasan en Tu sabiduría; porque en la sabiduría del mundo se encuentra la más completa vanidad, y tener una mente carnal es la muerte. Pero los que te siguen mediante el desprecio de las cosas mundanas y la mortificación de la carne, son verdaderamente sabios, porque son llevados de la vanidad a la verdad, de la carne al espíritu. Saben que el Señor es bueno, y todo lo bueno que encuentran en las criaturas, lo estiman para alabanza del Creador.

Diferente, sí, muy diferente es el goce del Creador al goce de la Criatura, el goce de la eternidad y del tiempo, de la luz increada y de la luz reflejada.

3. Oh Luz eterna, que sobrepasas todas las luces creadas, lanza desde lo alto el rayo que penetre en lo más profundo de mi corazón. Da pureza, alegría, claridad y vida a mi espíritu para que con todas sus fuerzas pueda unirse a Ti con un éxtasis que sobrepase el entendimiento humano. Oh, ¿cuándo llegará ese bendito y anhelado momento en que me saciarás con tu presencia, y serás para mí Todo en todo? Mientras esto se demore, mi alegría no será plena. Todavía, ¡ay de mí! el hombre viejo vive en mí: aún no está crucificado del todo, aún no está muerto del todo; todavía codicia ferozmente contra el espíritu, hace guerras internas, y no permite que el reino del alma esté en paz.

4. Pero Tú, que gobiernas la furia del mar y calmas sus olas cuando se levantan, levántate y ayúdame (sal 68:30). Destrúyelos con tu poder. Muestra, te ruego, tu poder, y que sea glorificada tu diestra, porque no tengo esperanza, ni refugio, sino en ti, Señor mi Dios.

CAPÍTULO XXXV. *De que no hay seguridad contra la tentación en esta vida*

1. Hijo mío, nunca estás seguro en esta vida, sino que tu armadura espiritual te será siempre necesaria mientras vivas. Tú habitas entre enemigos, y eres atacado por la derecha y por la izquierda. Por tanto, si no usas por todos los lados el escudo de la paciencia, no permanecerás mucho tiempo sin ser herido. Sobre todo, si no mantienes tu corazón fijo en Mí con el firme propósito de soportarlo todo por Mi causa, no podrás soportar la ferocidad del ataque, ni alcanzar la victoria de los bienaventurados. Por lo tanto, debes luchar valientemente durante toda tu vida, y extender tu mano con fuerza contra todo lo que se te oponga. Porque al que vence se le dará el maná escondido (Ap 2:17), pero a los perezosos les estará reservada una gran miseria.

2. Si buscas el descanso en esta vida, ¿cómo alcanzarás el descanso eterno? No te propongas alcanzar mucho descanso, sino mucha paciencia. Busca la verdadera paz, no en la tierra sino en el cielo, no en el hombre ni en ninguna cosa creada, sino sólo en Dios. Por amor a Dios debes sufrir de buena gana todas las cosas, ya sean trabajos o penas, tentaciones, vejaciones, angustias, necesidades, enfermedades, injurias, burlas, represiones, humillaciones, confusiones, correcciones, desprecios; estas cosas ayudan a la virtud, estas cosas prueban la erudición de Cristo; estas cosas modelan la corona celestial. Yo te daré una recompensa eterna por un trabajo corto, e infinita gloria por una vergüenza pasajera.

3. ¿Crees que siempre tendrás consuelos espirituales a tu voluntad? Mis Santos nunca los tuvieron, sino que en su lugar tuvieron múltiples penas, diversas tentaciones y pesadas desolaciones. Pero en todo soportaron pacientemente, y confiaron en Dios más que en sí mismos, sabiendo que los sufrimientos del tiempo presente no son dignos de compararse con la gloria que en nosotros ha de manifestarse (Rom 8:17). ¿Quieres tener inmediatamente aquello a lo que muchos apenas han llegado después de muchas lágrimas y duros trabajos? Espera en el Señor, abandónate como un hombre y sé fuerte; no desmayes, ni te apartes de Mí, sino dedica constantemente tu cuerpo y tu alma a la gloria de Dios. Yo te recompensaré abundantemente, estaré contigo en la angustia (Sal 91:15).

CAPÍTULO XXXVI. *Contra los vanos juicios de los hombres*

1. Hijo mío, ancla tu alma firmemente en Dios, y no temas el juicio de los hombres, cuando la conciencia te declare piadoso e inocente. Es bueno y bendito sufrir así; tampoco será penoso para el corazón que es humilde, que confía en Dios más que en sí mismo. Muchos hombres tienen muchas opiniones, y por eso se debe confiar poco en ellas. Pero además es imposible agradar a todos. Aunque Pablo se esforzaba por agradar a todos en el Señor, y llegar a ser todo para todos (1Cor 9:22), sin embargo para él era muy poca cosa que le juzgase el juicio de los hombres (1Cor 4:3).

2. Trabajó generosamente, hasta donde le fue posible, por la edificación y salvación de los demás; pero no pudo evitar ser juzgado y despreciado a veces por los demás. Por eso lo encomendaba todo a Dios, que lo sabía todo, y con paciencia y humildad se defendía de los malvados oradores, o de los necios y falsos pensadores, y de los que le acusaban según su gusto. Sin embargo, de vez en cuando contestaba, para que su silencio no fuera un tropiezo para los débiles.

3. ¿Quién eres tú para tener miedo de un hombre que va a morir? Hoy está, y mañana no tendrá su lugar. Teme a Dios y no te acobardarás ante los terrores de los hombres. ¿Qué puede hacer nadie contra ti con palabras u obras? Se herirá a sí mismo más que a ti, y no escapará al juicio de Dios, sea quien fuere. Ten a Dios ante tus ojos, y no discutas con palabras inquietas. Y si por el momento pareces ceder, y sufres la confusión que no has merecido, no te enojes por esto, ni por impaciencia disminuyas tu recompensa; más bien mira hacia Mí en el cielo, porque soy capaz de librarte de toda confusión y daño, y de dar a cada uno según sus obras.

CAPÍTULO XXXVII. *De la pura y entera resignación del sí, para la obtención de la libertad del corazón*

1. Hijo mío, piérdete y me encontrarás. Quédate quieto, sin elección ni pensamiento propio, y siempre saldrás ganando. Porque se te añadirá más gracia tan pronto como renuncies a ti mismo, y mientras no vuelvas atrás para reclamarte de nuevo.

2. Oh Señor, ¿cuántas veces me resignaré, y en qué cosas me perderé?

3. Siempre; a todas horas: en lo poco y en lo mucho. No hago excepción alguna, sino que quiero que seas hallado desnudo en todas las cosas. De lo contrario, ¿cómo puedes ser Mío y Yo Tuyo, a menos que estés interior y exteriormente libre de toda voluntad propia? Cuanto antes hagas esto, mejor te irá; y cuanto más plena y sinceramente, más me agradarás y más abundantemente serás recompensado.

4. Algunos se resignan, pero con ciertas reservas, pues no confían plenamente en Dios, y por eso piensan que tienen que hacer alguna provisión para sí mismos. Otros, al principio, lo ofrecen todo; pero después, presionados por la tentación, vuelven a sus propios recursos, y así no progresan en la virtud. No llegarán a la verdadera libertad de un corazón puro, ni a la gracia de mi dulce compañía, si antes no se resignan enteramente y se ofrecen cada día en sacrificio; sin esto no subsiste ni subsistirá la unión que da fruto.

5. Muchas veces te he dicho, y ahora te repito: Entrégate, renuncia a ti mismo, y tendrás una gran paz interior. Da todo por todo; no exijas nada, no pidas nada a cambio; permanece simplemente y sin vacilación en Mí, y me poseerás. Tendrás libertad de corazón, y la oscuridad no te abrumará. Esfuérzate por esto, ruega por ello, anhela por ello, para que seas liberado de toda posesión de ti mismo, y sigas despojado a Jesús que fue desnudado por ti; para que mueras a ti mismo y vivas eternamente para Mí. Entonces desaparecerán todas las vanas fantasías, todas las malas turbaciones y las preocupaciones superfluas. Entonces también se apartará de ti el temor inmoderado, y morirá el amor desordenado.

CAPÍTULO XXXVIII. *Del buen gobierno en las cosas exteriores, y del amparo de Dios en los peligros*

1. Hijo mío, por esto debes esforzarte diligentemente, para que en todo lugar y acto u ocupación exterior seas libre por dentro, y tengas poder sobre ti mismo; y que todas las cosas estén bajo ti, y no tú bajo ellas; que seas dueño y señor de tus acciones, no un esclavo o asalariado, sino más bien un hebreo libre y verdadero, entrando en la suerte y la libertad de los hijos de Dios, que están por encima de lo presente y miran a lo eterno, que con el ojo izquierdo contemplan las cosas transitorias, y con el derecho las celestiales; a quienes no atraen las cosas temporales para adherirse a ellas, sino que más bien atraen las cosas temporales para hacerles un buen servicio, tal como fueron ordenadas por Dios para hacerlo, y designadas por el Maestro Obrero, que no ha dejado nada en Su creación sin objetivo y fin.

2. Y si en cualquier circunstancia de la vida no te quedas en las apariencias externas, ni juzgas las cosas que se ven y se oyen por el sentido carnal, sino que en seguida entras con Moisés en el tabernáculo para pedir consejo a Dios, oirás una respuesta divina y saldrás instruido acerca de muchas cosas que son y que serán. Porque Moisés siempre recurría al tabernáculo para resolver todas sus dudas e interrogantes, y acudía a la ayuda de la oración para librarse de los peligros y de las malas acciones de los hombres. Así también tú deberías acudir a la cámara secreta de tu corazón e implorar fervientemente el socorro divino. Por esta causa leemos que Josué y los hijos de Israel fueron engañados por los gabaonitas, que no pidieron consejo a la voz del Señor (Josué 9:14), sino que, estando demasiado dispuestos a escuchar hermosos discursos, fueron engañados por una pretendida piedad.

CAPÍTULO XXXIX. *De que el hombre no debe estar sumido en los negocios*

1. Hijo mío, encomiéndame siempre tu causa; Yo la dispondré rectamente a su debido tiempo. Espera Mi disposición de ella, y entonces la hallarás para tu provecho.

2. Oh Señor, libremente te encomiendo todas las cosas; porque mis planes no pueden aprovecharme de mucho. Oh, que no me ocupara tanto de los acontecimientos futuros, sino que pudiera ofrecerme por entero a Tus placeres sin demora.

3. Hijo mío, a menudo un hombre se esfuerza con vehemencia por conseguir algo que desea; pero cuando lo ha obtenido empieza a tener otro ánimo, porque sus afectos hacia

ello no son duraderos, sino que más bien se precipitan de una cosa a otra. Por tanto, no es realmente poca cosa, cuando en las cosas pequeñas nos resistimos a nosotros mismos.

4. El verdadero progreso del hombre reside en la negación de sí mismo, y el hombre que se niega a sí mismo es libre y seguro. Pero el viejo enemigo, adversario de todas las cosas buenas, no cesa de tentar, sino que día y noche tiende sus malvadas trampas, por si acaso logra atrapar a los incautos. Velad y orad, dice el Señor, para que no entréis en tentación (Mt 26:41).

CAPÍTULO XL. *De que el hombre no tiene bien en sí mismo, ni de qué gloriarse*

1. Señor, ¿qué es el hombre para que te acuerdes de él, o el hijo del hombre para que lo visites? (Sal 8:4) ¿Qué ha merecido el hombre para que le concedas tu favor? Señor, ¿qué motivo de queja puedo tener, si Tú me abandonas? ¿O qué puedo alegar con justicia, si te niegas a oír mi súplica? En verdad, esto puedo pensar y decir: Señor, no soy nada, no tengo nada bueno por mí mismo, sino que me quedo corto en todas las cosas, y siempre tiendo a la nada. Y a menos que sea ayudado por Ti y sostenido interiormente, me vuelvo totalmente tibio e imprudente.

2. Pero Tú, Señor, eres siempre el mismo, y permaneces para siempre, siempre bueno, justo y santo; haciendo todas las cosas bien, con justicia y santidad, y disponiéndolo todo con Tu sabiduría. Pero yo, que estoy más dispuesto a avanzar que a retroceder, nunca permanezco en una sola estancia, porque los cambios pasan siete veces por encima de mí. Sin embargo, pronto mejora cuando así te place, y extiendes tu mano para ayudarme; porque sólo Tú puedes ayudar sin apoyo humano, y puedes fortalecerme de tal modo que mi semblante no cambie más, sino que mi corazón se vuelva hacia Ti, y descanse sólo en Ti.

3. Por tanto, si supiera bien rechazar todos los consuelos humanos, ya sea para ganar devoción, ya sea por la necesidad por la que me he visto obligado a buscarte, viendo que no hay hombre que pueda consolarme; entonces podría confiar dignamente en Tu gracia, y regocijarme en el don de un nuevo consuelo.

4. Gracias sean dadas a Ti, de quien todo procede, cuando me va bien. Pero yo soy vanidad y nada a tus ojos, un hombre inconstante y débil. ¿Qué tengo, pues, de qué gloriarme, o por qué anhelo ser honrado? ¿No es en vano? Esto también es completamente vano. En verdad, la gloria vana es una plaga maligna, la mayor de las vanidades, porque nos aleja de la verdadera gloria y nos roba la gracia celestial. Porque mientras el hombre se complace a sí mismo, Te desagrada; mientras va tras las alabanzas de los hombres, se priva de las verdaderas virtudes.

5. Pero la verdadera gloria y el santo regocijo consisten en gloriarse en Ti y no en uno mismo; en regocijarse en Tu Nombre, no en nuestra propia virtud; en no deleitarse en ninguna criatura, sino sólo por Ti. Que sea alabado Tu Nombre, no el mío; que sea magnificada Tu obra, no la mía; que sea bendecido Tu santo Nombre, pero que a mí no se me dé nada de las alabanzas de los hombres. Tú eres mi gloria, Tú eres la alegría de mi corazón. En Ti me gloriaré y me alegraré todo el día, pero por mí mismo no me gloriaré sino de mis flaquezas (2Cor 12:5).

6. Deja que los judíos busquen el honor que viene de cada uno; pero yo pediré el que viene sólo de Dios (Jn 5:44). Verdaderamente toda gloria humana, todo honor temporal, toda exultación mundana, comparada con Tu gloria eterna, no es más que vanidad y locura. Oh Dios, mi Verdad y mi Misericordia, Santísima Trinidad, sólo a Ti sea toda alabanza, honor, poder y gloria por los siglos de los siglos. Amén.

CAPÍTULO XLI. *Del desprecio de todo honor temporal*

1. Hijo mío, no te importe ver a otros honrados y ensalzados, y a ti despreciado y humillado. Eleva tu corazón a Mí en el cielo, y entonces el desprecio de los hombres en la tierra no te entristecerá.

2. Oh Señor, estamos en la ceguera, y somos rápidamente seducidos por la vanidad. Si miro bien dentro de mí, jamás me ha hecho daño criatura alguna, y por eso no tengo de qué quejarme delante de Ti. Pero como he pecado muchas veces y gravemente contra Ti, todas las criaturas se levantan justamente en armas contra mí. Por tanto, a mí me corresponde con justicia la confusión y el desprecio, pero a Ti la alabanza, el honor y la gloria. Y a menos que me disponga a esto, es decir, a estar dispuesto a que toda criatura me desprecie y me abandone, y a que se me considere como si no fuera nada, no podré estar interiormente lleno de paz y fortaleza, ni espiritualmente iluminado, ni plenamente unido a Ti.

CAPÍTULO XLII. *De que nuestra paz no ha de ponerse en los hombres*

1. Hijo mío, si pones tu paz en alguna persona porque tienes alta opinión de ella y estás familiarizado con ella, serás inestable y estarás enredado. Pero si te apegas a la Verdad siempre viva y permanente, la deserción o la muerte de un amigo no te entristecerán. En Mí debe subsistir el amor de tu amigo, y por Mí debe ser amado todo aquel, sea quien fuere, que te parezca bueno y te sea muy querido en esta vida. Sin Mí la amistad no tiene fuerza ni resistencia, ni es verdadero y puro aquel amor que Yo no uno. Deberías estar tan alejado de los afectos de los amigos queridos, que, en lo que a ti respecta, preferirías no tener compañía alguna de los hombres. Cuanto más se acerca un hombre a Dios, tanto más se aleja de todo consuelo terrenal. Cuanto más profundamente desciende en sí mismo, y cuanto más vil se muestra a sus propios ojos, tanto más asciende hacia Dios.

2. Pero el que se atribuye algo bueno a sí mismo, impide que la gracia de Dios venga a él, porque la gracia del Espíritu Santo busca siempre al corazón humilde. Si pudieras hacerte absolutamente nada, y vaciarte del amor de toda criatura, entonces estaría de mi parte desbordarte con gran gracia. Cuando pones tus ojos en las criaturas, el rostro del Creador se aparta de ti. Aprende en todas las cosas a conquistarte a ti mismo por amor a tu Creador, entonces podrás alcanzar el conocimiento divino. Por pequeña que sea cualquier cosa, si es amada y considerada desmesuradamente, nos aleja del bien supremo y nos corrompe.

CAPÍTULO XLIII. *Contra el conocimiento vano y mundano*

1. Hijo mío, que no te muevan los dichos hermosos y sutiles de los hombres. Pues el reino de Dios no es de palabra, sino de poder (1Cor 4:20). Escucha mis palabras, porque

encienden el corazón e iluminan la mente, traen contrición y proporcionan múltiples consuelos. Nunca leas la Palabra para parecer más docto o sabio, sino estudia para la mortificación de tus pecados, pues esto te será mucho más provechoso que el conocimiento de muchas cuestiones difíciles.

2. Cuando hayas leído y aprendido muchas cosas, debes volver siempre a un primer principio. Yo soy el que enseño a los hombres la ciencia (Sal 94:10), y doy a los niños una ciencia más clara que la que puede enseñar el hombre. Aquel a quien yo hable será pronto sabio y crecerá mucho en el espíritu. Ay de los que indagan en muchas cuestiones curiosas de los hombres, y prestan poca atención al camino de mi servicio. Llegará el tiempo en que aparecerá Cristo, el Maestro de los maestros, el Señor de los ángeles, para oír las lecciones de todos, es decir, para examinar las conciencias de cada uno. Y entonces Él escudriñará Jerusalén con velas (Sofonías 1:12), y las cosas ocultas de las tinieblas (1Cor 4:5) se harán manifiestas, y las argucias de las lenguas callarán.

3. Yo soy Aquel que en un instante elevo el espíritu humilde, para que aprenda más razonamientos de la Verdad Eterna, que si un hombre hubiera estudiado diez años en las escuelas. Yo enseño sin ruido de palabras, sin confusión de opiniones, sin lucha por el honor, sin choque de argumentos. Yo soy el que enseño a los hombres a despreciar las cosas terrenas, a aborrecer las presentes, a buscar las celestiales, a gozar de las eternas, a huir de los honores, a soportar las ofensas, a poner en Mí toda esperanza, a no desear nada fuera de Mí, y sobre todas las cosas a amarme ardientemente.

4. Porque hubo uno que, amándome desde el fondo de su corazón, aprendió cosas divinas y habló cosas maravillosas; sacó más provecho dejando todas las cosas que estudiando sutilezas. Pero a unos hablo cosas comunes, a otros especiales; a unos me aparezco suavemente en signos y figuras, y de nuevo a otros revelo misterios con mucha luz. La voz de los libros es una, pero no informa a todos por igual; porque yo interiormente soy el Maestro de la verdad, el Escudriñador del corazón, el Discernidor de los pensamientos, el Motor de las acciones, distribuyendo a cada hombre, según juzgo conveniente.

CAPÍTULO XLIV. *De no preocuparnos por las cosas exteriores*

1. Hijo mío, en muchas cosas te conviene ser ignorante, y considerarte como un muerto en la tierra, y como uno para quien está crucificado el mundo entero. Muchas cosas también debes pasar por alto con oídos sordos, y más bien debes pensar en aquellas cosas que pertenecen a tu paz. Es más provechoso apartar tus ojos de las cosas que desagradan, y dejar a cada uno su propia opinión, que entregarte a discursos de contienda. Si estás bien con Dios y tienes su juicio en tu mente, en verdad soportarás fácilmente ser como un vencido.

2. Oh Señor, ¿a qué hemos venido? He aquí que una pérdida temporal es llorada; por una ganancia insignificante trabajamos y nos apresuramos; y la pérdida espiritual pasa al olvido, y rara vez la recuperamos. Lo que poco o nada aprovecha se cuida, y lo que es del todo necesario se pasa por alto negligentemente; porque todo el hombre se desliza hacia las cosas exteriores, y sin recuperarse pronto a sí mismo en las cosas exteriores, se acuesta de buena gana.

CAPÍTULO XLV. *De que no debemos creer a todos, y de que somos propensos a caer en nuestras palabras*

1. Señor, sé tú mi auxilio en las tribulaciones, porque vano es el auxilio del hombre (Sal 60:11). Cuántas veces no he encontrado fidelidad, donde creía poseerla. Cuántas veces la he encontrado donde menos la esperaba. Vana es, pues, la esperanza en los hombres, pero la salvación del justo, oh Dios, está en Ti. Bendito seas, Señor Dios mío, en todas las cosas que nos suceden. Somos débiles e inestables, nos engañamos rápidamente y cambiamos a menudo.

2. ¿Quién es el hombre capaz de guardarse con tanta cautela y prudencia como para no caer a veces en alguna trampa del desconcierto? Pero el que confía en ti, Señor, y te busca con corazón sincero, no resbala tan fácilmente. Y si cae en alguna tribulación, sea cual fuere el enredo en que se vea envuelto, muy pronto será liberado por Ti, o por Ti será consolado, porque Tú no abandonarás al que confía en Ti hasta el fin. Es raro encontrar un amigo que permanezca fiel en todas las aflicciones de su amigo. Tú, Señor, eres el más fiel en todo, y no hay otro como Tú.

3. Oh, cuán verdaderamente sabia era aquella alma santa que dijo: "Mi mente está firmemente fija, y está cimentada en Cristo" (Santa Águeda). Si así fuera conmigo, no me tentaría tan fácilmente el temor de los hombres, ni me conmoverían las flechas de las palabras. ¿Quién se basta para prever todas las cosas, quién para prevenir de antemano los males futuros? Si incluso las cosas previstas a veces nos hacen daño, ¿qué pueden hacer las cosas no previstas, sino herirnos gravemente? Pero ¿por qué no me he protegido mejor a mí mismo, miserable que soy? ¿Por qué, también, he prestado tanta atención a los demás? Pero somos hombres, ni somos otra cosa que frágiles hombres, aunque muchos nos consideren y nos llamen ángeles. ¿En quién confiaré, Señor, en quién sino en Ti? Tú eres la Verdad, y no engañas ni puedes ser engañado. Y por otra parte, Todo hombre es mentiroso (Sal 116:11), débil, inestable y frágil, especialmente en sus palabras, de modo que casi nunca se debe creer lo que parece correcto a primera vista.

4. Con qué sabiduría nos has advertido de antemano que tengamos cuidado con los hombres, y que los enemigos de un hombre son los de su propia casa (Mt 10:17,36), y que no debemos creer si alguien nos dice aquí, o allá (Mt 24:23). He sido enseñado por mi extravío, y ojalá pueda ser más cuidadoso y no tan necio en esto. "Sé prudente", dice alguien: "Sé prudente, guarda para ti lo que te digo". Y mientras yo guardo silencio y lo guardo para mí, él mismo no puede guardar silencio al respecto, sino que enseguida me traiciona a mí y a sí mismo, y sigue su camino. Protégeme, Señor, de tales hombres maliciosos y temerarios; no permitas que caiga en sus manos, ni que yo mismo haga jamás tales cosas. Pon en mi boca una palabra verdadera y firme, y aleja de mí una lengua engañosa. Lo que no quiero sufrir, por todos los medios debo guardarme de hacerlo.

5. Oh, qué bueno y pacificador es callar con respecto a los demás, y no creer a la ligera todas las noticias, ni transmitirlas después; ¡qué bueno es también abrirse uno mismo a unos pocos, procurar tenerte siempre como el observador del corazón; no dejarse llevar por todo viento de palabras, sino desear que todas las cosas interiores y exteriores se hagan según el beneplácito de tu voluntad! ¡Cuán seguro es para el guardián de la gracia

celestial huir de la aprobación humana, y no anhelar las cosas que parecen ganar admiración en el exterior, sino seguir con toda seriedad aquellas cosas que traen enmienda de vida y fervor celestial! Cuántos han sido perjudicados por haber dado a conocer su virtud y haberla alabado con demasiada precipitación. Cuán verdaderamente provechosa ha sido la gracia conservada en silencio en esta frágil vida, que, como se nos dice, es toda tentación y guerra.

CAPÍTULO XLVI. *De tener confianza en Dios cuando nos dirigen malas palabras*

1. Hijo mío, mantente firme y cree en Mí. Porque ¿qué son las palabras sino palabras? Vuelan por el aire, pero no hieren piedra alguna. Si eres culpable, piensa cómo te enmendarías de buena gana; si no tienes nada contra ti mismo, considera que lo soportarías de buena gana por amor de Dios. Es poco que a veces tengas que soportar palabras duras, pues aún no eres capaz de soportar golpes duros. ¿Y por qué llegan a tu corazón asuntos tan triviales, si no es porque todavía eres carnal y estimas a los hombres más de lo debido? Pues porque temes ser despreciado, no quieres ser reprendido por tus faltas, y buscas míseros refugios de disculpa.

2. Pero mira mejor dentro de ti, y conocerás que el mundo sigue vivo en ti, y el vano afán de agradar a los hombres. Porque cuando huyes de ser abatido y confundido por tus faltas, es evidente que no eres verdaderamente humilde ni estás verdaderamente muerto al mundo, y que el mundo no está crucificado para ti. Pero escucha mi palabra, y no te importarán diez mil palabras de hombres. Si todo lo que la mayor malicia pudiera inventar se dijera contra ti, ¿qué daño te haría si lo dejaras pasar y no le dieras más importancia que a una mota? ¿Podría arrancarte un solo cabello de la cabeza?

3. Pero el que no tiene el corazón dentro de sí, y no tiene a Dios ante los ojos, se conmueve fácilmente por una palabra de reproche; pero el que confía en Mí, y no busca regirse por su propio juicio, será libre del temor de los hombres. Porque Yo soy el Juez y el Discernidor de todos los secretos; Yo sé cómo se hicieron las cosas; Yo conozco tanto al injuriador como al que lo porta. De Mí salió esa palabra, con Mi permiso ha sucedido esto, para que sean revelados los pensamientos de muchos corazones (Lc 2:35). Yo juzgaré al culpable y al inocente; pero de antemano he querido juzgarlos a ambos mediante un juicio secreto.

4. El testimonio de los hombres a menudo engaña. Mi juicio es verdadero; permanecerá, y no será revocado. Comúnmente se oculta, y sólo a unos pocos en ciertos casos se da a conocer; sin embargo, nunca yerra, ni puede errar, aunque no parezca correcto a los ojos de los hombres insensatos. A Mí, por tanto, deben recurrir los hombres en todo juicio, y no deben guiarse por su opinión. Porque al justo no le sucederá ningún mal (Prov 12:21), sea cual fuere el que Dios le envíe. Aunque se presente alguna acusación injusta contra él, poco le importará; ni tampoco se alegrará en demasía, si por medio de otros es claramente exculpado. Porque considera que Yo soy Aquel que prueba los corazones y las entrañas (Sal 7:9) que no juzgo exteriormente y según la apariencia humana; porque a menudo a los ojos Míos se encuentra censurable lo que en el juicio de los hombres se tiene por digno de alabanza.

5. Oh Señor Dios, oh Juez, justo, fuerte y paciente, que conoces la fragilidad y la pecaminosidad de los hombres, sé Tú mi fuerza y toda mi confianza; porque mi propia conciencia no me basta. Tú sabes lo que yo ignoro; por eso, ante cualquier represión, debo humillarme y soportarla con mansedumbre. Por lo tanto, perdóname misericordiosamente todas las veces que no haya hecho esto, y concédeme la próxima vez la gracia de una mayor fortaleza. Porque mejor es para mí Tu abundante piedad para alcanzar Tu perdón, que la justicia que yo creo tener para defenderme contra mi conciencia, que acecha contra mí. Aunque no sepa nada contra mí mismo, no estoy justificado por ello (1Cor 4:4), porque si se retirara Tu misericordia, ante Tus ojos ningún hombre vivo sería justificado (Sal 143:2).

CAPÍTULO XLVII. *De que todas las tribulaciones han de soportarse por causa de la vida eterna*

1. Hijo mío, que los trabajos que has emprendido por mí no te quebranten, ni las tribulaciones te abatan en modo alguno, sino que mi promesa te fortalezca y consuele en todo acontecimiento. Yo soy suficiente para recompensarte por encima de toda medida y alcance. No trabajarás aquí mucho tiempo, ni estarás siempre cargado de penas. Espera todavía un poco y verás el rápido fin de tus males. Llegará una hora en que cesará todo trabajo y confusión. Poco y breve es todo lo que con el tiempo pasa.

2. Haz con empeño lo que haces; trabaja fielmente en mi viña; yo seré tu recompensa. Escribe, lee, canta, llora, calla, ora, soporta las adversidades varonilmente; la vida eterna es digna de todos estos conflictos, sí, y de mayores. La paz vendrá en un día que el Señor conoce; que no será ni de día ni de noche (Zac 14:7), sino luz eterna, claridad infinita, paz firme y reposo imperturbable. No dirás entonces: ¿Quién me librará de este cuerpo de muerte? (Rom 7:24) Ni gritarás: ¡Ay de mí, que se ha alargado mi estancia!(Sal 120) Porque la muerte será completamente destruida, y vendrá la salvación que ya nunca podrá faltar, no más ansiedad, feliz deleite, dulce y noble compañía.

3. Oh, si vieras las coronas inmarcesibles de los santos en el cielo, y con qué gran gloria se regocijan ahora, quienes antes eran considerados por este mundo despreciables y como indignos de la vida, verdaderamente te humillarías inmediatamente hasta la tierra, y desearías estar mejor sujeto a todos que tener autoridad sobre uno; ni anhelarías los días agradables de esta vida, sino que te alegrarías más de ser afligido por amor de Dios, y estimarías como ganancia el ser tenido por nada entre los hombres.

4. Oh, si estas cosas fueran dulces a tu gusto, y te conmovieran hasta el fondo de tu corazón, ¿cómo te atreverías a lamentarte ni una sola vez? ¿Acaso no hay que soportar todos los sufrimientos por la vida eterna? No es poca cosa perder o ganar el Reino de Dios. Levanta, pues, tu rostro al cielo. He aquí, Yo y todos Mis Santos Conmigo, que en este mundo tuvimos un duro combate, ahora nos regocijamos, ahora somos consolados, ahora estamos seguros, ahora estamos en paz, y siempre permaneceremos juntos en el Reino de Mi Padre.

CAPÍTULO XLVIII. *Del día de la eternidad y de las estrecheces de esta vida*

1. ¡Oh bendita mansión de la Ciudad que está en lo alto! ¡Oh clarísimo día de la eternidad que no oscurece la noche, sino que ilumina siempre la Verdad Suprema! Día siempre

alegre, siempre seguro y que nunca cambia su estado en otros que sean contrarios. Oh, quisiera que este día brillara, y que todas estas cosas temporales llegaran a su fin. Brilla, en efecto, sobre los santos, resplandeciendo con interminable fulgor, pero sólo de lejos y a través de un cristal, sobre los que son peregrinos en la tierra.

2. Los ciudadanos del cielo saben cuán glorioso es ese día; los desterrados hijos de Eva gimen, porque éste es amargo y fatigoso. Los días de esta vida son pocos y malos, llenos de penas y estrecheces, donde el hombre se mancha con muchos pecados, se enreda con muchas pasiones, se ata con muchos temores, se fatiga con muchas preocupaciones, se distrae con muchos interrogantes, se enreda con muchas vanidades, se rodea de muchos errores, se desgasta con muchos trabajos, se agobia con tentaciones, se enerva con placeres, se atormenta con pobreza.

3. ¿Cuándo acabarán estos males? ¿Cuándo seré liberado de la miserable esclavitud de mis pecados? ¿Cuándo me acordaré, Señor, sólo de Ti? ¿Cuándo me regocijaré plenamente en Ti? ¿Cuándo tendré verdadera libertad sin obstáculos, sin cargas para la mente ni para el cuerpo? ¿Cuándo habrá paz sólida, paz inamovible y segura, paz dentro y fuera, paz firme por todas partes? Bendito Jesús, ¿cuándo podré contemplarte? ¿Cuándo contemplaré la gloria de Tu reino? ¿Cuándo serás para mí todo en todo? Oh, ¿cuándo estaré contigo en tu Reino, que has preparado desde la fundación del mundo para los que te aman? Estoy desamparado, exiliado en una tierra hostil, donde hay guerras diarias y penosas desgracias.

4. Consuela mi destierro, mitiga mi dolor, pues todo mi deseo se dirige hacia Ti. Pues todo lo que este mundo ofrece como consuelo es para mí una carga. Anhelo gozar de Ti íntimamente, pero no puedo lograrlo. Anhelo apegarme a las cosas celestiales, pero las cosas temporales y las pasiones inmortificadas me oprimen. En mi mente quisiera estar por encima de todas las cosas, pero en mi carne me veo involuntariamente obligado a estar por debajo de ellas. Así que, miserable de mí, lucho conmigo mismo, y me aflijo conmigo mismo, mientras el espíritu busca estar por encima y la carne por debajo.

5. Oh cómo sufro interiormente, mientras con la mente discurro sobre las cosas celestiales, y en seguida una multitud de cosas carnales se abalanza sobre mí mientras oro. Dios mío, no te alejes de mí, ni te apartes con ira de tu siervo. Lanza tu rayo y dispérsalos; dispara tus flechas (Sal 71:12), y confunde todos los engaños de mi enemigo. Vuelve mis sentidos hacia Ti, hazme olvidar todas las cosas mundanas; concédeme desechar rápidamente y despreciar las fantasías del pecado. Socórreme, oh Verdad Eterna, para que ninguna vanidad me mueva. Ven a mí, oh Dulzura Celestial, y que toda impureza huya de delante de Tu rostro. Perdóname también, y por Tu misericordia trátame suavemente, cuando en la oración piense en otra cosa que no sea en Ti; porque en verdad confieso que suelo distraerme continuamente. Porque muchas veces, donde estoy de pie o sentado según el cuerpo, en realidad no estoy yo, sino que estoy allá donde me llevan mis pensamientos. Donde está mi pensamiento, allí estoy yo; y comúnmente está mi pensamiento donde está lo que amo. Me encuentro a gusto con lo que naturalmente me agrada, o me agrada por costumbre.

6. Oh, por eso Tú, que eres la Verdad, has dicho claramente: Donde esté vuestro tesoro, allí estará también vuestro corazón (Mt 6:21). Si amo el cielo, medito con gusto en las

cosas celestiales. Si amo al mundo, me regocijo en las delicias del mundo, y me aflijo por sus adversidades. Si amo la carne, estoy continuamente imaginando las cosas que pertenecen a la carne; si amo el espíritu, me deleito meditando en las cosas espirituales. Porque de lo que amo, converso y escucho, y me llevo a casa sus imágenes. Pero bienaventurado es el hombre que por Ti, oh Señor, está dispuesto a separarse de todas las criaturas; que hace violencia a su naturaleza carnal y crucifica los deseos de la carne por el fervor de su espíritu, para que con conciencia serena pueda ofrecerte una oración pura, y ser hecho digno de entrar en los coros angélicos, habiendo apartado de sí mismo, tanto exterior como interiormente, todas las cosas mundanas.

CAPÍTULO XLIX. *Del deseo de la vida eterna, y de cuán grandes bendiciones se prometen a los que se esfuerzan*

1. Hijo mío, cuando sientas que de lo alto se derrama sobre ti el deseo de la felicidad eterna, y anheles apartarte del tabernáculo de este cuerpo, para contemplar mi gloria sin sombra de turbación, ensancha tu corazón, y acoge esta santa inspiración con todo tu deseo. Da gracias de todo corazón a la Suprema Bondad, que te trata con tanta gracia, te visita con tanto amor, te estimula con tanto fervor, te eleva con tanta fuerza, para que no te hundas por tu propio peso en las cosas terrenales. Porque no por tu propia meditación o esfuerzo recibes este don, sino por la sola bondadosa condescendencia de la Suprema Gracia y de la Divina consideración; con el fin de que progreses en virtud y en una mayor humildad, y te prepares para futuros combates, y te apegues a Mí con todo el afecto de tu corazón, y te esfuerces por servirme con ferviente voluntad.

2. Hijo mío, a menudo el fuego arde, pero la llama no asciende sin humo. Así también los deseos de algunos hombres arden hacia las cosas celestiales, y sin embargo no están libres de la tentación del afecto carnal. Así, pues, no actúan con un deseo totalmente puro de la gloria de Dios cuando le rezan con tanto fervor. Tal es también muchas veces tu deseo, cuando te lo has imaginado tan ferviente. Porque no es puro y perfecto lo que está contaminado con tu propio egoísmo.

3. No busques lo que es agradable y favorable para ti mismo, sino lo que es aceptable y honorable para Mí; porque si juzgas correctamente, debes elegir y seguir mi designio antes que tu propio deseo; sí, antes que cualquier cosa que pueda ser deseada. Yo conozco tu deseo, y he oído tus muchos gemidos. Ya anhelas estar en la gloriosa libertad de los hijos de Dios; ya el hogar eterno te deleita, y la patria celestial te llena de gozo; pero aún no ha llegado la hora; queda todavía otra estación, una estación de guerra, una estación de trabajo y prueba. Deseas ser colmado del Bien Supremo, pero no puedes alcanzarlo inmediatamente. YO SOY ese Bien; espérame, hasta que venga el Reino de Dios.

4. Aún debes ser probado en la tierra y ejercitado en muchas cosas. De vez en cuando se te dará consuelo, pero no se te concederán abundantes satisfacciones. Fortalécete, pues, y sé valiente tanto en el trabajo como en el sufrimiento de las cosas que son contrarias a tu naturaleza. Debes revestirte del hombre nuevo y convertirte en otro hombre. Debes hacer a menudo lo que no quieres; y debes dejar sin hacer lo que quieres hacer. Lo que agrada a los demás tendrá buen éxito, lo que te agrada a ti no tendrá prosperidad. Lo que otros digan será escuchado; lo que tú digas no recibirá atención. Otros pedirán y recibirán; tú

pedirás y no obtendrás. Otros serán grandes en el relato de los hombres, pero de ti no se hablará nada. A otros se confiará esto o aquello; tú serás juzgado útil para nada.

5. Por esta causa la naturaleza se llenará a veces de tristeza; y es una gran cosa si la soportas en silencio. En esto y en muchas cosas semejantes suele ser probado el fiel siervo del Señor, hasta qué punto es capaz de negarse a sí mismo y someterse en todas las cosas. Apenas hay cosa en que tengas necesidad de mortificarte tanto como en ver las cosas que son adversas a tu voluntad; especialmente cuando se te mandan hacer cosas que te parecen inoportunas o de poca utilidad para ti. Y como no te atreves a desafiar a un poder superior, estando bajo autoridad, por eso te parece difícil modelar tu rumbo según el asentimiento de otro, y renunciar a tu propia opinión.

6. Pero considera, Hijo mío, el fruto de estos trabajos, el rápido fin y la recompensa sumamente grande; y no te parecerá entonces doloroso soportarlos, sino más bien el más fuerte consuelo de tu paciencia. Porque, incluso a cambio de este insignificante deseo que has abandonado de buena gana, tendrás siempre tu voluntad en el Cielo. Allí encontrarás todo lo que deseas, todo lo que puedes anhelar. Allí tendrás todo el bien a tu alcance sin temor a perderlo. Allí tu voluntad, siempre unida a la Mía, no deseará nada exterior, nada para sí misma. Allí nadie te resistirá, nadie se quejará de ti, nadie te estorbará, nada se interpondrá en tu camino; sino que todas las cosas deseadas por ti estarán presentes juntas, y llenarán todo tu afecto y lo colmarán hasta rebosar. Allí me gloriaré por el desprecio sufrido aquí, el manto de alabanza por el dolor, y por el lugar más bajo un trono en el Reino, para siempre. Allí aparecerá el fruto de la obediencia, se regocijará el trabajo del arrepentimiento, y la sumisión humilde será coronada gloriosamente.

7. Ahora, pues, inclínate humildemente bajo las manos de todos los hombres; no permitas que te moleste quién dijo esto o quién ordenó aquello; pero presta especial atención a que si tu superior, tu inferior o tu igual exigen algo de ti, o incluso muestran deseo de ello; tómalo todo de buena gana, y procura con buena voluntad cumplir su deseo. Que uno busque esto, otro aquello; que éste se gloríe en esto, y aquél en aquello, y sean alabados mil y mil veces, pero tú regocíjate sólo en el desprecio de ti mismo, y en Mi propio bien y gloria. Esto es lo que debes anhelar, que sea por la vida o por la muerte, que Dios sea siempre magnificado en ti (Filip 1:20).

CAPÍTULO L. *Cómo debe encomendarse a las manos de Dios el hombre desolado*

1. Señor, Padre santo, bendito seas ahora y siempre, porque Tu voluntad se cumple y lo que haces es bueno. Que tu siervo se alegre en Ti, no en sí mismo ni en ningún otro, porque sólo Tú eres la verdadera alegría, Tú eres mi esperanza y mi corona, Tú eres mi gozo y mi honor, Señor. ¿Qué tiene tu siervo que no haya recibido de Ti, aun sin mérito propio? Tuyas son todas las cosas que Tú has dado y que Tú has hecho. Yo soy pobre y miserable desde mi juventud (Sal 88:15), y mi alma se entristece hasta las lágrimas, a veces también se inquieta en sí misma, a causa de los sufrimientos que le sobrevienen.

2. Anhelo el gozo de la paz; imploro la paz de Tus hijos, pues a la luz de Tu consuelo son alimentados por Ti. Si me das paz, si derramas Tu santa alegría en mí, el alma de Tu siervo estará llena de melodía y Te alabará con devoción. Pero si Tú te apartas como

acostumbras demasiado a menudo, no podrá correr por el camino de tus mandamientos, sino que se golpeará el pecho y doblará las rodillas; porque ya no está con su alma como ayer y anteayer, cuando Tu vela brillaba sobre su cabeza (Job 29:3), y caminaba bajo la sombra de Tus alas (Sal 17:8), lejos de las tentaciones que le acosaban.

3. Oh Padre, justo y siempre digno de alabanza, llega la hora en que Tu siervo ha de ser probado. Oh Padre amado, es bueno que en esta hora Tu siervo sufra algo por Tu causa. Oh Padre, siempre digno de adoración, como llega la hora que Tú conociste desde la eternidad, cuando por poco tiempo Tu siervo deba inclinarse exteriormente, pero siempre vivir interiormente contigo; cuando por poco tiempo deba ser poco considerado, humillado y fracasar a los ojos de los hombres; deba consumirse con sufrimientos y debilidades, para resucitar contigo en la aurora de la nueva luz, y ser glorificado en los lugares celestiales. Oh Padre Santo, Tú lo has ordenado así, y así lo has querido; y lo que Tú mismo has ordenado se ha cumplido.

4. Porque este es Tu favor a Tu amigo, que sufra y sea turbado en el mundo por causa de Tu amor, cuantas veces sea, y por quienquiera y por quienquiera que Tú hayas permitido que se haga. Sin Tu consejo y providencia, y sin causa, nada sucede en la tierra. Es bueno para mí, Señor, que haya tenido problemas, para que pueda aprender Tus preceptos (Sal 69:71), y pueda desechar toda soberbia de corazón y presunción. Me es provechoso que la confusión haya cubierto mi rostro, para que busque consuelo en Ti y no en los hombres. Por esto también he aprendido a temer Tu inescrutable juicio, que aflige al justo con el impío, pero no sin equidad y justicia.

5. Gracias Te doy porque no has perdonado mis pecados, sino que me has azotado con azotes de amor, infligiéndome dolores y enviándome angustias por dentro y por fuera. No hay nadie que pueda consolarme, de todas las cosas que hay bajo el cielo, sino sólo Tú, Señor Dios mío, Médico celestial de las almas, que azotas y tienes misericordia, que bajas a los infiernos y vuelves a subir (Job 8:2). Tu severidad conmigo, y Tu vara misma me enseñarán.

6. He aquí, oh Padre amado, que estoy en tus manos, me inclino bajo la vara de Tu corrección. Hiere mi espalda y mi cuello para que doble mi torcedura a Tu voluntad. Haz de mí un discípulo piadoso y humilde, así como Tú fuiste bondadoso, para que yo pueda caminar de acuerdo a cada guiño Tuyo. A Ti me encomiendo y entrego cuanto tengo para que me corrijas; mejor es ser castigado aquí que en el más allá. Tú conoces todas las cosas y cada una de ellas; y nada permanece oculto a Ti en la conciencia del hombre. Antes de que sean, Tú sabes que serán, y no necesitas que nadie Te instruya ni Te amoneste acerca de las cosas que se hacen en la tierra. Tú sabes lo que es conveniente para mi provecho, y en qué medida los problemas sirven para limpiar la herrumbre del pecado. Haz conmigo según Tu beneplácito, y no desprecies mi vida, que está llena de pecado, y que nadie conoce tan completa e íntegramente como sólo Tú.

7. Concédeme, Señor, conocer lo que se debe conocer; amar lo que se debe amar; alabar lo que más Te agrada, estimar lo que es precioso a Tus ojos, reprobar lo que es vil a Tus ojos. No me permitas juzgar según la visión de los ojos del cuerpo, ni dictar sentencia según el oír de los oídos de los hombres ignorantes; sino discernir con verdadero juicio

entre las cosas visibles y las espirituales, y sobre todas las cosas buscar siempre el bien que te agrada.

8. Muchas veces los sentidos de los hombres se engañan al juzgar; también se engañan los que aman el mundo, pues sólo aman las cosas visibles. ¿Por qué es mejor el hombre que por el hombre es tenido por grande? El mentiroso engaña al mentiroso, el vano al vano, el ciego al ciego, el débil al débil, cuando se exaltan unos a otros; y en verdad más bien se avergüenzan, mientras alaban neciamente. Porque como dice el humilde San Francisco: "Lo que cada uno es a tus ojos, eso es, y no más".

CAPÍTULO LI. *De que debemos entregarnos a obras humildes cuando no somos capaces de las que son elevadas*

1. Hijo mío, no siempre puedes perseverar en el deseo ferviente de las virtudes, ni mantenerte firme en la región más elevada de la contemplación, sino que a veces debes descender necesariamente a las cosas inferiores, a causa de tu corrupción original, y soportar la carga de la vida corruptible, aunque sea de mala gana y con cansancio. Mientras lleves un cuerpo mortal, sentirás cansancio y pesadez de corazón. Por eso debes gemir a menudo en la carne a causa de la carga de la carne, ya que no puedes entregarte sin cesar a los ejercicios espirituales y a la contemplación divina.

2. En tal momento te conviene huir a las obras humildes y externas, y renovarte con buenas acciones; esperar Mi venida y la visita celestial con segura confianza; soportar tu destierro y sequía de ánimo con paciencia, hasta que vuelvas a ser visitado por Mí, y te liberes de todas las ansiedades. Porque te haré olvidar tus fatigas y gozarás de la paz eterna. Extenderé ante ti los agradables pastos de las Escrituras, para que con corazón dilatado empieces a correr por el camino de Mis mandamientos. Y dirás: "Los sufrimientos del tiempo presente no son comparables con la gloria que en nosotros ha de manifestarse" (Rom 8:18).

CAPÍTULO LII. De que el hombre no debe considerarse digno de consolación, sino más digno de castigo

1. Oh Señor, no soy digno de Tu consuelo, ni de ninguna visita espiritual; y por eso me tratas con justicia, cuando me dejas pobre y desolado. Pues aunque pudiera derramar lágrimas como el mar, no sería digno de Tu consuelo. Por tanto, no soy digno sino de ser azotado y castigado, porque te he ofendido gravemente y muchas veces, y en muchas cosas he pecado gravemente. Por lo tanto, teniendo en cuenta la verdad, no soy digno ni del menor de Tus consuelos. Pero Tú, Dios clemente y misericordioso, que no quieres que Tus obras perezcan, para mostrar las riquezas de Tu misericordia en las vasijas de la misericordia (rom 9:23), te dignas consolar a Tu siervo más allá de todo lo que merece, por encima de la medida de la humanidad. Porque Tus consuelos no son semejantes a los discursos de los hombres.

2. ¿Qué he hecho, Señor, para que me concedas algún consuelo celestial? No recuerdo haber hecho nada bueno, sino haber sido siempre propenso a pecar y lento para enmendarme. Es verdad y no puedo negarlo. Si dijera lo contrario, te levantarías contra mí, y no habría quien me defendiera. ¿Qué he merecido por mis pecados sino el infierno

y el fuego eterno? En verdad confieso que soy digno de todo escarnio y desprecio, y que no conviene que se me recuerde entre tus siervos fieles. Y aunque no quiera oír esto, sin embargo, por amor a la Verdad, me acusaré de mis pecados, para que más fácilmente pueda prevalecer para ser considerado digno de Tu misericordia.

3. ¿Qué diré, culpable como soy e inundado de confusión? No tengo boca para pronunciar, a no ser sólo esta palabra: "He pecado, Señor, he pecado; ten piedad de mí, perdóname". Déjame en paz, para que me consuele un poco antes de ir de donde no volveré, ni siquiera a la tierra de las tinieblas y de la sombra de muerte (Job 10: 20-21). ¿Qué exiges tanto de un pecador culpable y miserable, sino que esté contrito y se humille por sus pecados? En la verdadera contrición y humillación del corazón se engendra la esperanza del perdón, se reconcilia la conciencia turbada, se recupera la gracia perdida, se preserva al hombre de la ira venidera, y Dios y el alma penitente se apresuran a encontrarse con un beso santo (Lc 15:20).

4. La humilde contrición de los pecadores es un sacrificio aceptable para Ti, oh Señor, y desprende un olor más dulce a Tus ojos que el incienso. Éste es también el agradable ungüento que quisiste derramar sobre tus sagrados pies, pues nunca despreciaste un corazón contrito y afligido (Sal 51:17). Allí está el lugar de refugio contra el semblante iracundo del enemigo. Allí es enmendado y lavado cualquier mal que se haya contraído en otra parte.

CAPÍTULO LIII. *De que la gracia de Dios no está con los que se preocupan de las cosas terrenas.*

1. Hijo mío, preciosa es mi gracia, no se deja unir a las cosas exteriores, ni a los consuelos terrenales. Por lo tanto, debes desechar todas las cosas que obstaculizan la gracia, si deseas recibir su abundancia. Busca un lugar secreto para ti, ama estar a solas contigo mismo, no desees la conversación de nadie, sino más bien vierte tu devota oración a Dios, para que poseas una mente contrita y una conciencia pura. Considera el mundo entero como nada; procura estar a solas con Dios antes que todas las cosas exteriores. Porque no puedes estar a solas conmigo y al mismo tiempo deleitarte con cosas transitorias. Debes separarte de tus conocidos y amigos queridos, y mantener tu mente libre de toda comodidad mundana. Así suplica el bienaventurado Apóstol Pedro, que los fieles de Cristo se comporten en este mundo como extranjeros y peregrinos (1Pe 2:11).

2. Oh, ¿cuán grande será la confianza del moribundo a quien ningún afecto retiene en el mundo? Pero tener un corazón tan separado de todas las cosas, no lo comprende todavía un alma débil, ni conoce el hombre carnal la libertad del hombre espiritual. Pero si en verdad desea tener una mente espiritual, debe renunciar tanto a los que están lejos como a los que están cerca, y no cuidarse de nadie más que de sí mismo. Si te vences perfectamente a ti mismo, muy fácilmente someterás a todas las demás cosas. La victoria perfecta es el triunfo sobre uno mismo. Porque quien se mantiene a sí mismo sujeto, de tal manera que los afectos sensuales obedecen a la razón, y su razón en todo me obedece a Mí, es verdaderamente vencedor de sí mismo y señor del mundo.

3. Si quieres subir a esta altura, debes comenzar valientemente, y poner el hacha en la raíz, para que arranques y destruyas toda la inclinación desordenada y oculta hacia ti

mismo, y hacia todo bien egoísta y terrenal. De este pecado, el de amarse a sí mismo demasiado desmesuradamente, pende casi todo lo que necesita ser completamente vencido: cuando ese mal sea vencido y puesto bajo los pies, tendrá continuamente gran paz y tranquilidad. Pero debido a que pocos se esfuerzan seriamente por morir perfectamente a sí mismos, ya que no salen de corazón de sí mismos, se quedan enredados en sí mismos, y no pueden elevarse en espíritu por encima de sí mismos. Pero el que desea andar en libertad conmigo, debe necesariamente mortificar todos sus afectos malos y desordenados, y no debe aferrarse a ninguna criatura con amor egoísta.

CAPÍTULO LIV. *De las diversas mociones de la Naturaleza y de la Gracia*

1. Hijo mío, presta diligente atención a las mociones de la Naturaleza y de la Gracia, porque se mueven de manera muy contraria y sutil, y difícilmente se pueden distinguir sino por un hombre espiritual e interiormente iluminado. Todos los hombres, en efecto, buscan el bien, y aparentan algo bueno en todo lo que dicen o hacen; y así, bajo la apariencia del bien, muchos son engañados.

2. La Naturaleza es engañosa y atrae, atrapa y engaña a muchos, y siempre tiene al yo por meta; pero la gracia camina con sencillez y se aparta de toda apariencia de mal, no finge, y todo lo hace enteramente por amor de Dios, en quien también descansa finalmente.

3. La Naturaleza es muy reacia a morir, y a ser oprimida, y a ser vencida, y a estar sometida, y a llevar el yugo de buena gana; pero la Gracia busca la automortificación, resiste a la sensualidad, busca la sumisión, anhela ser conquistada, y no quiere hacer uso de su propia libertad. Ama la sujeción por la disciplina, y no tener autoridad sobre nadie, sino vivir siempre, permanecer, tener su ser bajo Dios, y por amor de Dios está dispuesta a someterse humildemente a toda disposición del hombre.

4. La Naturaleza trabaja para su propio beneficio, y considera qué provecho puede obtener de otro; pero la Gracia considera más, no lo que puede ser útil y conveniente para sí misma, sino lo que puede ser provechoso para muchos.

5. La Naturaleza recibe de buen grado el honor y la reverencia; pero la Gracia atribuye fielmente todo el honor y gloria a Dios.

6. La Naturaleza teme la confusión y el desprecio, pero la Gracia se alegra de sufrir vergüenza por el nombre de Jesús.

7. La Naturaleza ama la facilidad y la tranquilidad corporal; la Gracia no puede estar desocupada, sino que gustosamente abraza el trabajo.

8. La Naturaleza busca poseer cosas curiosas y atractivas, y aborrece las que son ásperas y vulgares; la Gracia se deleita con las cosas sencillas y humildes, no desprecia las que son toscas, ni rehúsa vestirse con ropas viejas.

9. La Naturaleza tiene en cuenta las cosas temporales, se regocija en las ganancias terrenales, se entristece por las pérdidas, se enfada por cualquier pequeña palabra

injuriosa; pero la Gracia alcanza las cosas eternas, no se aferra a las temporales, no se perturba por las pérdidas, ni se amarga por ninguna palabra dura, porque ha puesto su tesoro y su gozo en el cielo, donde nada perece.

10. La Naturaleza es codiciosa, y recibe con más gusto de lo que da, ama las cosas que son personales y privadas para sí misma; mientras que la Gracia es bondadosa y generosa, evita el egoísmo, se contenta con poco, cree que es más bendito dar que recibir.

11. La Naturaleza te inclina a las cosas creadas, a la propia carne, a las vanidades y a la disipación; pero la Gracia atrae a Dios y a las virtudes, renuncia a las criaturas, huye del mundo, aborrece los deseos de la carne, refrena los caprichos, se avergüenza de ser vista en público.

12. La Naturaleza se complace en recibir algún consuelo exterior en el que puedan deleitarse los sentidos; pero la Gracia busca ser consolada sólo en Dios, y deleitarse en el bien principal por encima de todas las cosas visibles.

13. La Naturaleza lo hace todo para su propio provecho y beneficio, no puede hacer nada como favor gratuito, sino que espera alcanzar algo tan bueno o mejor, o alguna alabanza o favor por sus beneficios; y ama que sus propias obras y dones sean altamente valorados; pero la Gracia no busca nada temporal, ni requiere otro don o recompensa que sólo Dios; ni anhela más necesidades temporales que las que puedan bastar para alcanzar la vida eterna.

14. La Naturaleza se regocija con muchos amigos y parientes, se vanagloria de su noble lugar y noble nacimiento, sonríe a los poderosos, halaga a los ricos, aplaude a los que son como ella; pero la Gracia ama incluso a sus enemigos, y no se enaltece por la multitud de amigos, no da importancia a la posición elevada o a la noble cuna, a menos que haya mayor virtud en ello; favorece más al pobre que al rico, simpatiza más con el inocente que con el poderoso; se alegra con el veraz, no con el mentiroso; exhorta siempre a los buenos a esforzarse por conseguir mejores dones de Gracia, y a hacerse por la santidad semejante al Hijo de Dios.

15. La Naturaleza se queja pronto de la pobreza y de la tribulación; la Gracia soporta la carencia con constancia.

16. La Naturaleza mira todas las cosas en referencia a sí misma; lucha y discute por sí misma; pero la Gracia devuelve todas las cosas a Dios, de quien proceden desde el principio; no se atribuye ningún bien a sí misma ni presume arrogantemente; no es litigiosa, ni prefiere su propia opinión a las demás, sino que en todo sentido y entendimiento se somete a la sabiduría Eterna y al juicio Divino.

17. La Naturaleza está ávida de conocer secretos y de oír cosas nuevas; le encanta aparecer en el exterior, y hacer experiencia de muchas cosas a través de los sentidos; desea ser reconocida y hacer aquellas cosas que consiguen alabanza y admiración; pero la Gracia no se preocupa de recoger cosas nuevas o curiosas, porque todo esto brota de la vieja corrupción, siendo así que no hay nada nuevo ni duradero sobre la tierra. Por eso enseña a refrenar los sentidos, a rehuir la vana complacencia y ostentación, a ocultar

humildemente las cosas que merecen alabanza y verdadera admiración, y a buscar en todo y en todo conocimiento el fruto útil y la alabanza y honra de Dios. No desea recibir alabanzas para sí o para los suyos, sino que anhela que Dios sea bendito en todos sus dones, quien por amor sin medida otorga todas las cosas.

18. Esta Gracia es una luz sobrenatural, y un cierto don especial de Dios, la marca propia de los elegidos, y la prenda de la salvación eterna; exalta al hombre de las cosas terrenales para amar las celestiales; y hace espiritual al hombre carnal. Por lo tanto, en la medida en que la naturaleza es completamente oprimida y vencida, en esa misma medida se otorga mayor gracia, y el hombre interior es creado de nuevo diariamente por nuevos dones, a imagen de Dios.

CAPÍTULO LV. *De la corrupción de la naturaleza y de la eficacia de la gracia divina*

1. Oh Señor Dios mío, que me has creado a tu imagen y semejanza, concédeme esta gracia, que Tú has mostrado que es tan grande y tan necesaria para la salvación, que pueda vencer mi naturaleza perversa, que me atrae al pecado y a la perdición. Porque siento en mi carne la ley del pecado, que contradice la ley de mi espíritu, y me lleva cautivo a la obediencia de la sensualidad en muchas cosas; no podré resistir a sus pasiones, si no me asiste tu santísima gracia, derramada fervorosamente en mi corazón.

2. Hay necesidad de Tu gracia, sí, y de mucha abundancia de ella, para que mi naturaleza pueda ser vencida, la cual siempre ha sido propensa al mal desde mi juventud. Porque habiendo caído por medio del primer hombre, Adán, y corrompiéndose por el pecado, el castigo de esta mancha descendió sobre todos los hombres; de modo que la naturaleza misma, que fue creada buena y recta por Ti, sirve ahora para expresar el vicio y la debilidad de tal naturaleza corrompida; porque su movimiento, abandonado a sí mismo, atrae a los hombres al mal y a las cosas inferiores. Porque el poco poder que le queda es como una chispa escondida en las cenizas. Esta es la misma razón natural, rodeada de densas nubes, que tiene todavía un discernimiento del bien y del mal, una distinción de lo verdadero y lo falso, aunque sea incapaz de cumplir todo lo que aprueba, y no posea todavía la plena luz de la verdad, ni la salud de sus afectos.

3. Por eso, oh Dios mío, me deleito en Tu ley según el hombre interior (Rom 7:12,22,25), sabiendo que Tu mandamiento es santo, justo y bueno; reprobando también todo mal, y el pecado que debe ser evitado: sin embargo, con la carne sirvo a la ley del pecado, mientras obedezco a la sensualidad más que a la razón (Rom 7:18). Por eso a veces me propongo muchas cosas buenas; pero como me falta la gracia para socorrer mis flaquezas, retrocedo ante la menor resistencia y fracaso. Por eso sucede que reconozco el camino de la perfección, y veo muy claramente qué cosas debo hacer; pero presionado por el peso de mi propia corrupción, no me elevo a las cosas que son más perfectas.

4. Oh, Señor, cuán necesaria me es Tu gracia para comenzar bien, para progresar y para llegar a la perfección. Porque sin ella nada puedo, sino que todo lo puedo por Tu gracia que me fortalece (Fil 4:13). Oh gracia verdaderamente celestial, sin la cual nuestros propios méritos no son nada, y ningún don de la Naturaleza es digno de estima. Las artes, las riquezas, la belleza, la fuerza, el ingenio, la elocuencia, nada valen ante Ti, Señor, sin Tu gracia. Porque los dones de la naturaleza pertenecen tanto al bien como al mal; pero

el don propio de los elegidos es la gracia, es decir, el amor, y quienes llevan su marca son tenidos por dignos de la vida eterna. Tan poderosa es esta gracia, que sin ella ni el don de profecía, ni la realización de milagros, ni ningún razonamiento, por elevado que sea, tiene valor alguno. Ni la fe, ni la esperanza, ni ninguna otra virtud son aceptadas por Ti sin el amor y la gracia.

5. Oh bendita gracia que haces al pobre de espíritu rico en virtudes, y humillas espiritualmente al que es rico en muchas cosas, ven Tú, desciende sobre mí, lléname pronto de tu consuelo, para que mi alma no desfallezca por el cansancio y la sequía de ánimo. Te ruego, Señor, que halle gracia en Tus ojos, pues me basta Tu gracia (2Cor 7:9), cuando no obtengo lo que la naturaleza anhela. Si soy tentado y vejado con muchas tribulaciones, no temeré ningún mal, mientras Tu gracia permanezca conmigo. Sólo ésta es mi fuerza, ésta me trae consejo y ayuda. Es más poderosa que todos los enemigos, y más sabia que todos los sabios del mundo.

6. Es la maestra de la verdad, la maestra de la disciplina, la luz del corazón, el consuelo para la ansiedad, la desterradora de la tristeza, la liberadora del miedo, la nodriza de la devoción, la derramadora de lágrimas. ¡Qué soy yo sin ella, sino un árbol seco, una rama inútil, digna de ser desechada! "Que tu gracia, por tanto, Señor, me prevenga y me siga siempre, y me entregue continuamente a toda buena obra, por Jesucristo, tu Hijo. Amén".

CAPÍTULO LVI. *De cómo debemos negarnos a nosotros mismos e imitar a Cristo por medio de la Cruz*

1. Hijo mío, en la medida en que seas capaz de salir de ti mismo, en esa misma medida serás capaz de entrar en Mí. Así como el no desear nada exterior obra la paz interior, así el abandono de sí mismo une interiormente a Dios. Quiero que aprendas la perfecta abnegación, viviendo en Mi voluntad sin contradicción ni queja. Sígueme: Yo soy el camino, la verdad y la vida (Jn 14:6). Sin el camino no puedes ir, sin la verdad no puedes conocer, sin la vida no puedes vivir. Yo soy el Camino que debes seguir; la Verdad que debes creer; la Vida que debes esperar. Yo soy el Camino inmutable; la Verdad infalible; la Vida eterna. Yo soy el Camino totalmente recto, la Verdad suprema, la Vida verdadera, la Vida bendita, la Vida increada. Si permaneces en Mi camino conocerás la Verdad, y la Verdad te hará libre (Jn 8:32), y alcanzarás la vida eterna.

2. Si quieres entrar en la vida, guarda los mandamientos (Mt 19:17,21). Si quieres conocer la verdad, cree en Mí. Si quieres ser perfecto, vende todo lo que tienes. Si quieres ser Mi discípulo, niégate a ti mismo. Si quieres poseer la vida bienaventurada, desprecia la vida actual. Si quieres ser exaltado en el cielo, humíllate en el mundo. Si quieres reinar conmigo, lleva la cruz conmigo; porque sólo los servidores de la cruz encuentran el camino de la bienaventuranza y de la verdadera luz.

3. Oh Señor Jesús, ya que Tu vida fue angosta y despreciada por el mundo, concédeme imitarte en el desprecio del mundo, porque el siervo no es mayor que su señor, ni el discípulo más que su maestro (Mt 10:24). Que Tu siervo se ejercite en Tu vida, porque allí está mi salvación y la verdadera santidad. Todo lo que leo u oigo fuera de ella, no me consuela ni me deleita.

4. Hijo mío, porque sabes estas cosas y las has leído todas, bienaventurado serás si las cumples. El que aprende Mis mandamientos y los guarda, ése es el que Me ama, y Yo le amaré y Me manifestaré a él (Jn 14:21), y haré que se siente conmigo en el Reino de Mi Padre.

5. Oh Señor Jesús, como Tú has dicho y prometido, así sea para mí, y concédeme ser digno. He recibido la cruz de Tu mano; la he llevado y la llevaré hasta la muerte, pues Tú la has puesto sobre mí. Es verdad que la vida de un siervo devoto es una cruz, pero conduce al paraíso. He comenzado; no puedo volver atrás ni dejarlo.

6. Venid, hermanos míos, avancemos juntos. Jesús estará con nosotros. Por Jesús hemos tomado esta cruz, por Jesús perseveremos en la cruz. Él será nuestro auxilio, el que fue nuestro Capitán y Precursor. He aquí que nuestro Rey entra delante de nosotros, y luchará por nosotros. Sigámosle valientemente, que nadie tema los terrores; estemos preparados para morir valientemente en la batalla, y no manchemos nuestro honor (1 Mac 9:10) hasta el punto de huir de la cruz.

CAPÍTULO LVII. *De que el hombre no debe abatirse mucho si cae en algunas faltas*

1. Hijo mío, la paciencia y la humildad en las adversidades Me son más gratas que mucho consuelo y devoción en la prosperidad. ¿Por qué te entristece lo poco que se ha dicho contra ti? Si hubiera sido más, no deberías conmoverte. Pero ahora déjalo pasar; no es lo primero, no es nuevo, y no será lo último, si vives mucho tiempo. Eres bastante valiente, mientras no te sobrevenga la adversidad. También das buenos consejos y sabes fortalecer a los demás con tus palabras; pero cuando la tribulación llama repentinamente a tu propia puerta, tu consejo y tu fuerza fallan. Considera tu gran fragilidad, que tan a menudo experimentas en asuntos insignificantes; sin embargo, por la salud de tu alma se hacen estas cosas cuando te suceden y otras semejantes.

2. Aparta de tu corazón estas cosas lo mejor que puedas, y si la tribulación te ha tocado, que no te abata ni te enrede por mucho tiempo. Al menos, sopórtala con paciencia, si no puedes con alegría. Y aunque estés muy poco dispuesto a oírlo, y sientas indignación, contrólate, y no permitas que salga de tus labios ninguna palabra imprudente, por la que los pequeños puedan ser escandalizados. Pronto se calmará la tempestad que se ha levantado, y el dolor interior se endulzará con la gracia que vuelve. Aún vivo, dice el Señor, dispuesto a ayudarte y a darte más que el consuelo acostumbrado, si confías en mí y me invocas devotamente.

3. Mantén la calma de espíritu y prepárate para una mayor resistencia. No todo está perdido, aunque a menudo te encuentres afligido o gravemente tentado. Eres hombre, no Dios; eres carne, no ángel. ¿Cómo podrías permanecer siempre en el mismo estado de virtud, cuando un ángel en el cielo cayó, así como el primer hombre en el paraíso? Yo soy el que elevo a los dolientes a la liberación, y a los que conocen su propia enfermedad los elevo a mi propia naturaleza.

4. Oh Señor, bendita sea tu palabra, más dulce a mi boca que la miel y el panal. ¿Qué haría yo en mis tan grandes tribulaciones y ansiedades, si Tú no me confortaras con tus santas palabras? Si tan sólo pudiera alcanzar el paraíso de la salvación, ¿qué importa qué

cosas o cuántas sufra? Dame un buen fin, dame un paso feliz fuera de este mundo. Acuérdate de mí, oh Dios mío, y guíame por el buen camino hacia Tu Reino. Amén.

CAPÍTULO LVIII. *De los asuntos más profundos, y de los juicios ocultos de Dios que no se deben indagar*

1. Hijo mío, guárdate de disputar acerca de asuntos elevados y de los juicios ocultos de Dios; por qué este hombre es así abandonado, y aquel hombre es tomado en tan gran favor; por qué también este hombre es tan grandemente afligido, y aquel tan altamente exaltado. Estas cosas sobrepasan todo poder de juicio del hombre, y ningún razonamiento o disputa puede escudriñar los juicios divinos. Por lo tanto, cuando el enemigo te sugiera estas cosas, o cuando algún curioso te haga tales preguntas, responde con aquella palabra del Profeta: Justo eres Tú, Señor, y verdadero es tu juicio (Sal 119:137), y con esto: Los juicios del Señor son verdaderos, y justos en su totalidad (Sal 19:9). Mis juicios son para ser temidos, no para ser discutidos, porque son incomprensibles para el entendimiento humano.

2. Y no seáis dados a inquirir o disputar sobre los méritos de los Santos, cuál es más santo que otro, o cuál es el mayor en el Reino de los Cielos. Tales cuestiones suelen engendrar inútiles contiendas y disputas; también alimentan el orgullo y la vana gloria, de donde surgen envidias y dissensiones, mientras un hombre se empeña arrogantemente en exaltar a un Santo y a otro. Pero querer saber y escudriñar tales cosas no trae fruto alguno, sino que más bien desagrada a los Santos; porque yo no soy el Dios de la confusión, sino de la paz (1Cor 14:33); la cual paz consiste más en la verdadera humildad que en la exaltación propia.

3. Algunos se sienten atraídos por el celo del amor a un mayor afecto a estos Santos o a aquellos; pero esto es afecto humano más que divino. Yo soy Quien hizo a todos los Santos: Yo les di la gracia, Yo les traje la gloria; Yo conozco los méritos de cada uno; Yo los previne con las bendiciones de Mi bondad (Sal 21:3). Yo conocí de antemano a mis amados desde siempre, Yo los elegí del mundo (Jn 15:19); ellos no me eligieron a Mí. Yo los llamé por Mi gracia, los atraje por Mi misericordia, los conduje a través de diversas tentaciones. Derramé sobre ellos poderosos consuelos, les di perseverancia, coroné su paciencia.

4. Reconozco a los primeros y a los últimos; a todos abrazo con amor inestimable. He de ser alabado en todos Mis Santos; he de ser bendecido sobre todas las cosas, y ser honrado en cada uno de los que tan gloriosamente he exaltado y predestinado, sin ningún mérito propio precedente. Por tanto, el que desprecie a uno de los más pequeños de los Míos, no honra a los más grandes; porque a ambos hice pequeños y grandes (Sab 6:8). Y el que hable contra alguno de Mis Santos, habla contra Mí y contra todos los demás en el Reino de los Cielos. Todos son uno por el vínculo de la caridad; piensan lo mismo, quieren lo mismo, y todos están unidos en caridad los unos con los otros.

5. Pero sin embargo (lo que es mucho mejor) Me aman por encima de sí mismos y de sus propios méritos. Porque al estar por encima de sí mismos, y atraídos más allá del amor propio, se dirigen directamente hacia el amor a Mí, y descansan en Mí en perfecto gozo. No hay nada que pueda alejarlos ni oprimirlos, pues, al estar llenos de la Verdad Eterna,

arden con el fuego de una caridad inextinguible. Por lo tanto, que todos los hombres carnales y naturales callen respecto al estado de los Santos, porque no saben nada excepto amar su propio disfrute personal. Quitan y añaden según su propia inclinación, no como agrada a la Eterna Verdad.

6. En muchos hombres esto es ignorancia, principalmente en aquellos que, estando poco iluminados, raramente aprenden a amar a alguien con perfecto amor espiritual. Todavía se sienten muy atraídos por el afecto natural y la amistad humana hacia éstos o aquéllos; y así como piensan acerca de sí mismos en asuntos inferiores, así también se imaginan las cosas celestiales. Pero hay una diferencia inconmensurable entre esas cosas que ellos imaginan imperfectamente, y estas cosas que los hombres iluminados contemplan a través de la revelación sobrenatural.

7. Cuídate, pues, hijo mío, de no tratar con curiosidad las cosas que sobrepasan tu conocimiento, sino más bien preocúpate y presta atención a esto, a saber, que procures ser hallado, aunque seas el más pequeño, en el Reino de Dios. Y aunque alguien supiera quiénes son más santos que los demás, o quiénes son los más grandes en el Reino de los Cielos, ¿de qué le serviría ese conocimiento, si por él no se humillara ante Mí y se levantara para alabar más Mi nombre? El que considera cuán grandes son sus propios pecados, cuán pequeñas sus virtudes y cuán lejos está de la perfección de los santos, hace cosas mucho más agradables a los ojos de Dios que el que discute acerca de su grandeza o pequeñez.

8. Si los hombres aprendieran a contentarse y a abstenerse de vanas murmuraciones, estarían muy contentos. Además, tampoco pueden gloriarse de sus propios méritos, pues no se atribuirían ningún bien a sí mismos, sino que me lo atribuirían todo a Mí, ya que Yo, por mi infinita caridad, les he dado todas las cosas. El amor a la Divinidad es tan grande y la alegría tan desbordante, que no les falta gloria ni les puede faltar felicidad. Todos los Santos, cuanto más exaltados son en gloria, tanto más humildes son en sí mismos, y tanto más cercanos y queridos son para Mí. Y así tienes escrito que arrojaron sus coronas ante Dios y se postraron sobre sus rostros ante el Cordero, y adoraron al que vive por los siglos de los siglos (Ap 4:10).

9. Muchos preguntan quién es el mayor en el Reino de los Cielos, sin saber si serán dignos de ser contados entre los más pequeños. Gran cosa es ser el más pequeño en el Cielo, donde todos son grandes, porque todos serán llamados y serán hijos de Dios. Un pequeño llegará al millar, pero el pecador de cien años será maldito. Pues cuando los discípulos preguntaron quién sería el mayor en el Reino de los Cielos, no recibieron otra respuesta que ésta: Si no os convertís y os hacéis como niños, no entraréis en el Reino de los Cielos. Pero el que se humille como este niño, ése será el mayor en el Reino de los Cielos (Mt 18:3).

10. Ay de los que desdeñan humillarse de buena gana como los niños, porque la puerta pequeña del Reino de los Cielos no les dejará entrar. Ay también de los ricos, que tienen aquí su consuelo (Lc 6:24), porque mientras los pobres entran en el reino de Dios, ellos se quedarán lamentándose fuera. Alegraos, humildes, y regocijaos, pobres, porque vuestro es el reino de Dios si andáis en la verdad.

CAPÍTULO LIX. *De que toda esperanza y confianza ha de fijarse sólo en Dios*

1. Oh Señor, ¿cuál es la confianza que tengo en esta vida, o cuál es mi mayor consuelo de todas las cosas que se ven bajo el cielo? ¿No eres Tú, Señor Dios mío, cuyas misericordias son innumerables? ¿Dónde me ha ido bien sin Ti? ¿O cuándo me ha ido mal estando Tú cerca? Prefiero ser pobre por Ti, que rico sin Ti. Prefiero ser peregrino en la tierra contigo que poseer el cielo sin Ti. Donde Tú estás, allí está el cielo; y donde Tú no estás, he aquí la muerte y el infierno. Tú eres todo mi deseo, y por eso debo gemir y llorar y orar fervientemente por Ti. En resumen, no puedo confiar plenamente en nadie que me preste ayuda en las necesidades, excepto sólo en Ti, oh Dios mío. Tú eres mi esperanza, Tú eres mi confianza, Tú eres mi Consolador, y el más fiel en todas las cosas.

2. Todos los hombres buscan lo suyo (Filip 2:21); Tú sólo pones por delante mi salvación y mi provecho, y conviertes todas las cosas en mi bien. Aunque me expones a diversas tentaciones y adversidades, todo lo ordenas para mi provecho, pues acostumbras probar a tus amados de mil maneras. En esta prueba no debes ser menos amado y alabado, que si me llenaras de consuelos celestiales.

3. En Ti, pues, Señor Dios, pongo toda mi esperanza y mi refugio, en Ti deposito toda mi tribulación y angustia; porque todo lo que veo fuera de Ti me parece débil e inestable. Porque muchos amigos no aprovecharán, ni fuertes consejeros podrán socorrer, ni prudentes sabios dar respuesta útil, ni los libros de los doctos consolar, ni ninguna preciosa sustancia librar, ni ningún lugar secreto y hermoso dar refugio, si Tú mismo no asistes, ayudas, fortaleces, consuelas, instruyes, mantienes a salvo.

4. Porque todas las cosas que parecen pertenecer a la consecución de la paz y la felicidad son nada cuando Tú estás ausente, y no traen ninguna felicidad en realidad. Por eso Tú eres el fin de todo bien, la plenitud de la vida y el alma de la sabiduría; y esperar en Ti sobre todas las cosas es el mayor consuelo de tus siervos. A Ti miran mis ojos (Sal 141:8), en Ti confío, oh Dios mío, Padre misericordioso.

5. Bendice y santifica mi alma con la bendición celestial, para que llegue a ser Tu santa morada y la sede de Tu gloria eterna; y que no se encuentre nada en el Templo de Tu divinidad que pueda ofender los ojos de Tu majestad. De acuerdo con la grandeza de tu bondad y la multitud de tus misericordias mírame, y escucha la oración de tu pobre siervo, lejos de Ti en la tierra de la sombra de la muerte. Protege y preserva el alma de Tu siervo más pequeño en medio de tantos peligros de la vida corruptible, y por Tu gracia que me acompaña, dirígela por el camino de la paz a su hogar de luz perpetua. Amén.

CUARTO LIBRO: SOBRE EL SACRAMENTO DEL ALTAR

Una devota exhortación a la Sagrada Comunión

La Palabra de Cristo:

Venid a Mí todos los que estáis fatigados y cargados, y Yo os aliviaré (Mt 11:28), dice el Señor. El pan que Yo os daré es mi carne, que doy por la vida del mundo (Jn 6:51). Tomad, comed: esto es mi Cuerpo, que por vosotros se entrega; haced esto en memoria mía (Mt 26:26; Lc 22:19). El que come mi carne y bebe mi sangre, mora en Mí y Yo en él. Las palabras que yo os hablo son espíritu y son vida (Jn 6:51,63).

CAPÍTULO I. *Con cuánta reverencia debe ser recibido Cristo*

La palabra del discípulo:

1. Estas son Tus palabras, oh Cristo, Verdad Eterna; aunque no fueron pronunciadas a la vez ni escritas juntas en un solo lugar de la Escritura. Porque son verdaderas y son Tus palabras, debo recibirlas todas con gratitud y fidelidad. Son Tuyas, y Tú las has pronunciado; y son mías también, porque Tú las dijiste para mi salvación. Con alegría las recibo de Tu boca, para que arraiguen más profundamente en mi corazón. Estas palabras de gracia tan grande me conmueven, porque están llenas de dulzura y amor; pero mis propios pecados me aterrorizan, y mi conciencia impura me impide recibir misterios tan grandes. La dulzura de tus palabras me anima, pero la multitud de mis faltas me oprime.

2. Tú ordenas que me acerque a Ti con firme confianza, si quiero tener parte contigo, y que reciba el alimento de la inmortalidad, si deseo obtener la vida eterna y la gloria. Venid a Mí, dices, todos los que estáis fatigados y agobiados, y Yo os aliviaré. Oh, dulce y hermosa palabra al oído del pecador, cuando Tú, oh Señor mi Dios, invitas a los pobres y necesitados a la Comunión de tu santísimo cuerpo y sangre. Pero, ¿quién soy yo, Señor, para atreverme a acercarme a Ti? He aquí que el más alto de los cielos no puede contenerte, y sin embargo Tú dices: Venid todos a Mí.

3. ¿Qué significa esta graciosísima condescendencia, esta hermosísima invitación? ¿Cómo me atreveré a venir, si no conozco nada bueno de mí mismo, de lo que pueda presumir? ¿Cómo te haré entrar en mi casa, habiendo pecado tantas veces ante tus ojos amantísimos? Los ángeles y los arcángeles Te temen, los santos y los justos Te temen, y Tú dices: ¡Ven a Mí! Si Tú, Señor, no lo hubieras dicho, ¿quién lo creería verdadero? Y si Tú no lo hubieras ordenado, ¿quién intentaría acercarse?

4. He aquí que Noé, ese hombre justo, trabajó durante cien años en la construcción del arca, para salvarse con unos pocos; y yo, ¿cómo podré en una hora prepararme para recibir con reverencia al Constructor del mundo? Moisés, tu siervo, tu gran y especial amigo, hizo un arca de madera incorruptible, que también cubrió con oro purísimo, para depositar en ella las tablas de la ley, y yo, criatura corruptible, ¿me atreveré tan fácilmente a recibirte a Ti, el Hacedor de la Ley y el Dador de la vida? Salomón, el más sabio de los reyes de Israel, estuvo siete años construyendo su magnífico templo para

alabanza de Tu Nombre, y durante ocho días celebró la fiesta de su dedicación, ofreció mil ofrendas de paz y llevó solemnemente el Arca de la Alianza al lugar preparado para ella, con sonido de trompetas y gran alegría, y yo, infeliz y el más pobre de la humanidad, ¿cómo voy a llevarte a mi casa, que apenas sé dedicar media hora a la oración? Y ¡ojalá fuera siquiera media hora bien empleada!

5. ¡Oh Dios mío, con qué empeño se esforzaban estos santos hombres por agradarte! Y ¡ay! qué poco e insignificante es lo que yo hago; qué poco tiempo paso cuando me dispongo a comulgar. Raramente recogido del todo, raramente libre de toda distracción. Y ciertamente, en la presencia salvadora de tu Divinidad, ningún pensamiento inoportuno debe entrometerse, ni ninguna criatura debe apoderarse de mí, porque no es un Ángel, sino el Señor de los Ángeles, a quien estoy a punto de recibir como mi Huésped.

6. Sin embargo, hay una gran diferencia entre el Arca de la Alianza, con sus reliquias, y tu purísimo Cuerpo, con sus virtudes inefables; entre los sacrificios de la Ley, que eran figuras de lo que había de venir, y el verdadero sacrificio de tu Cuerpo, consumación de todos los sacrificios antiguos.

7. ¿Por qué, pues, no anhelo más ardientemente tu adorable presencia? ¿Por qué no me preparo con mayor solicitud para recibir Tus santas cosas, cuando aquellos santos Patriarcas y Profetas de la antigüedad, reyes también y príncipes, con todo el pueblo, manifestaron tan gran afecto de devoción hacia Tu Divino Servicio?

8. El devotísimo rey David danzaba con todas sus fuerzas ante el Arca de Dios, recordando los beneficios concedidos a sus antepasados en tiempos pasados; construyó instrumentos musicales de diversas clases, entonó salmos y los hizo cantar con alegría, tocando él mismo a menudo el arpa, inspirado por la gracia del Espíritu Santo; enseñó al pueblo de Israel a alabar a Dios de todo corazón y a bendecirlo y alabarlo todos los días con una sola voz. Si entonces se practicaba tanta devoción y se celebraban alabanzas divinas ante el Arca del Testimonio, cuánta reverencia y devoción deberíamos mostrar ahora yo y todo el pueblo cristiano al oficiar el Santísimo Sacramento, al recibir el preciosísimo Cuerpo y Sangre de Cristo.

9. Muchos corren a diversos lugares para visitar los sepulcros de los santos difuntos, y se regocijan al oír hablar de sus obras y contemplar los hermosos edificios de sus santuarios. Y he aquí que Tú estás aquí presente conmigo, oh Dios mío, Santo de los Santos, Creador de los hombres y Señor de los Ángeles. Muchas veces, al contemplar esos monumentos, los hombres se dejan llevar por la curiosidad y la novedad, y se llevan muy pocos frutos de enmienda, sobre todo cuando hay tanta nimiedad descuidada y tan poca contrición verdadera. Pero aquí, en el Sacramento del Altar, Tú estás totalmente presente, Dios mío, el Hombre Cristo Jesús; donde también se da abundante fruto de vida eterna a todo el que te recibe digna y devotamente. Pero a esto no atrae la frivolidad, ni la curiosidad, ni la sensualidad, sino la fe firme, la esperanza devota y la caridad sincera.

10. Oh Dios, invisible Creador del mundo, ¡cuán maravillosamente obras con nosotros, cuán dulce y bondadosamente tratas a tus elegidos, a quienes te ofreces para ser recibido en este Sacramento! Porque esto sobrepasa todo entendimiento, esto atrae especialmente los corazones de los devotos y enciende sus afectos. Porque incluso tus verdaderos fieles,

que ordenan toda su vida a la enmienda, a menudo obtienen de este excelentísimo Sacramento una gran gracia de devoción y amor a la virtud.

11. ¡Oh admirable y oculta gracia del Sacramento, que sólo conocen los fieles de Cristo, pero no pueden experimentar los infieles y los que sirven al pecado! En este Sacramento se confiere la gracia espiritual, y la virtud perdida se recobra en el alma, y la belleza que fue desfigurada por el pecado vuelve de nuevo. Tan grande es a veces esta gracia, que por la plenitud de la devoción que se da, no sólo la mente, sino también el débil cuerpo siente que se le suministra más fuerza.

12. Pero mucho debemos llorar y lamentarnos por nuestra tibieza y negligencia, por no ser atraídos con mayor afecto a ser partícipes de Cristo, en quien consiste toda la esperanza y el mérito de los que han de salvarse. Porque Él mismo es nuestra santificación y redención (1Cor 1:30). Él es el consuelo de los peregrinos y la eterna fruición de los santos. Por eso es de lamentar que muchos consideren tan poco este saludable misterio, que alegra el cielo y preserva el mundo entero. Ay de la ceguera y dureza del corazón del hombre, que no considera más este don inefable, y aun resbala por el uso cotidiano, hasta el descuido.

13. Porque si este santísimo Sacramento se celebrara en un solo lugar, y fuera consagrado por un solo sacerdote en todo el mundo, ¿con qué gran deseo crees que los hombres se sentirían atraídos hacia ese lugar y hacia tal sacerdote de Dios, para poder contemplar los divinos misterios celebrados? Pero ahora muchos hombres han sido hechos sacerdotes y en muchos lugares se celebra el Sacramento, para que la gracia y el amor de Dios hacia los hombres se manifieste tanto más cuanto más se extienda la Sagrada Comunión por todo el mundo. Gracias te sean dadas, oh buen Jesús, Pastor eterno, que te has dignado a saciarnos, a nosotros, pobres y desterrados, con tu precioso Cuerpo y Sangre, e invitarnos a participar de estos santos misterios por la petición de tu propia boca, diciendo: Venid a mí los que estáis fatigados y agobiados, y yo os aliviaré.

CAPÍTULO II. *De que la grandeza y caridad de Dios se muestra a los hombres en este Sacramento*

La voz del discípulo:

1. Confiando en tu bondad y en tu gran misericordia, Señor, me acerco, enfermo al Médico, hambriento y sediento a la Fuente de la vida, pobre al Rey del cielo, siervo al Señor, criatura al Creador, desolado a mi dulce Consolador. Pero ¿de dónde me viene esto a mí, que Tú vengas a mí? ¿Quién soy yo para que me ofrezcas a Ti mismo? ¿Cómo se atreve un pecador a presentarse ante Ti? ¿Y cómo es que Tú te dignas venir al pecador? Tú conoces a tu siervo y sabes que no tiene nada bueno por lo que debas concederle esta gracia. Confieso, pues, mi vileza, reconozco tu bondad, alabo tu ternura y te doy gracias por tu inmenso amor. Porque Tú haces esto por Ti mismo, no por mis méritos, para que Tu bondad sea más manifiesta para mí, Tu caridad más abundantemente derramada sobre mí, y Tu humildad más perfectamente encomendada a mí. Por lo tanto, porque esto te agrada y Tú has ordenado que así sea, tu condescendencia también me agrada a mí; y oh, que mi iniquidad no lo impida.

2. Oh dulcísimo y tierno Jesús, cuánta reverencia, cuánta gratitud te es debida con perpetua alabanza por la recepción de tu sagrado Cuerpo y Sangre, cuya dignidad ningún hombre es capaz de expresar. Pero ¿qué pensaré en esta Comunión al acercarme a mi Señor, a quien no soy capaz de honrar dignamente, y sin embargo anhelo devotamente recibir? ¿Qué meditación será mejor y más saludable para mí que la total humillación de mí mismo ante Ti y la exaltación de tu infinita bondad para conmigo? Te alabo, oh Dios mío, y Te exalto por los siglos de los siglos. Me desprecio a mí mismo, y me arrojo ante Ti en lo profundo de mi vileza.

3. He aquí, que Tú eres el Santo de los santos y yo el desecho de los pecadores; he aquí, que Tú te inclinas hacia mí, que no soy digno de mirarte; he aquí, que Tú vienes a mí, que Tú quieres estar conmigo, que Tú me invitas a Tu banquete. Tú quieres darme a comer el alimento celestial y el pan de los ángeles; no otro, en verdad, que a Ti mismo, el pan vivo, que descendiste del cielo y das vida al mundo (Jn 6:51).

4. He aquí de dónde procede este amor; cuánta condescendencia resplandece aquí. ¡Cuán grandes gracias y alabanzas Te debemos por estos beneficios! ¡Oh cuán saludable y provechoso fue Tu propósito cuando dispusiste esto! ¡Cuán dulce y placentero es el festín en el que Te diste a Ti mismo como alimento! ¡Oh cuán admirable es tu obra, oh Señor, cuán poderoso tu poder, cuán indecible tu verdad! Porque Tú pronunciaste la palabra, y todas las cosas fueron hechas; y se cumplió cuanto Tú ordenaste.

5. Cosa maravillosa y digna de fe, que sobrepasa todo entendimiento humano, es que Tú, Señor Dios mío, verdadero Dios y verdadero hombre, te entregues por entero a nosotros en un poco de pan y de vino, y seas así nuestro alimento inagotable. Tú, Señor de todo, que no tienes necesidad de nada, has querido habitar en nosotros por medio de tu Sacramento. Preserva mi corazón y mi cuerpo sin mancha, para que con una conciencia gozosa y pura pueda muy a menudo celebrar, y recibir a mi perpetua salud. Tus misterios, que has consagrado e instituido tanto para Tu propio honor, como para perpetuo memorial.

6. Alégrate, alma mía, y da gracias a Dios por un don tan grande y un consuelo tan precioso que tienes en este valle de lágrimas. Porque cuantas veces recuerdes este misterio y recibas el cuerpo de Cristo, tantas veces celebrarás la obra de tu redención y participarás de todos los méritos de Cristo. Porque la caridad de Cristo nunca disminuye, y la grandeza de su propiciación nunca se agota. Por eso, renovando continuamente tu espíritu, debes disponerte a ello y sopesar con atenta consideración el gran misterio de la salvación. Tan grande, nuevo y gozoso debe parecerte cuando comulgas, como si en este mismo día Cristo descendiera por primera vez al seno de la Virgen y se hiciera hombre, o colgara de la cruz, sufriendo y muriendo por la salvación de la humanidad.

CAPÍTULO III. *De lo provechoso que es Comulgar con frecuencia*

La voz del discípulo:

1. He aquí que vengo a Ti, Señor, para ser bendecido por tu don y alegrarme en tu santo banquete, que Tú, oh Dios, por tu bondad has preparado para los pobres (Sal 68:10). He aquí que en Ti está todo lo que puedo y debo desear, Tú eres mi salvación y redención,

mi esperanza y fortaleza, mi honor y gloria. Por eso se alegra hoy el alma de tu siervo, porque a Ti, Señor Jesús, elevo mi alma (Sal 86:4). Anhelo ahora recibirte con devoción y reverencia, deseo llevarte a mi casa, para que con Zaqueo sea tenido por digno de ser bendecido por Ti y contado entre los hijos de Abraham. Mi alma desea ardientemente Tu Cuerpo, mi corazón anhela unirse a Ti.

2. Dame a Ti mismo y me bastará, porque fuera de Ti no hay consuelo que valga. Sin Ti no puedo ser, y sin Tu presencia no tengo poder para vivir. Por tanto, debo acercarme a Ti con frecuencia y recibirte para la curación de mi alma, no sea que desfallezca por el camino si me veo privado del alimento celestial. Porque así Tú, misericordiosísimo Jesús, predicando al pueblo y curando a muchos enfermos, dijiste una vez: No los despediré en ayunas a sus casas, no sea que desfallezcan por el camino (Mt 15:32). Trátame, pues, ahora de igual modo, porque Tú mismo te entregaste para consuelo de los fieles en este Sacramento. Porque Tú eres el dulce refrigerio del alma, y quien Te coma dignamente será partícipe y heredero de la gloria eterna. Es necesario que yo, que tan a menudo retrocedo y peco, que tan pronto me enfrío y desfallezco, me renueve, me limpie, me reanime con frecuentes oraciones y penitencias, y reciba Tu sagrado Cuerpo y Sangre, no sea que, por una abstinencia demasiado prolongada, no cumpla mis santos propósitos.

3. Porque la imaginación del corazón del hombre es mala desde su juventud (Gen 8:21), y a menos que la medicina divina lo socorra, el hombre se desliza continuamente hacia lo malo. Por tanto, la Sagrada Comunión nos aparta del mal y nos fortalece para el bien. Porque si ahora soy tan negligente y tibio cuando comulgo [o celebro], ¿cómo sería yo si no recibiera esta medicina y no buscara tan gran ayuda? [Y aunque no todos los días estoy apto ni bien preparado para celebrar, sin embargo prestaré diligente atención a su debido tiempo, para recibir los divinos misterios, y hacerme partícipe de tan gran gracia]. Porque este es el principal consuelo de un alma fiel, mientras esté lejos de Ti en cuerpo mortal, que teniendo continuamente presente a su Dios, recibe a su Amado con espíritu devoto.

4. Oh maravillosa condescendencia de Tu piedad que nos rodea, que Tú, oh Señor Dios, Creador y Vivificador de todas las almas, te dignas venir a un alma tan pobre y débil, y calmar su hambre con toda Tu Deidad y Humanidad. ¡Oh mente feliz y alma bendita, a la que se le concede recibirte devotamente como su Señor Dios, y al recibirte llenarse de todo gozo espiritual! ¡Oh cuán grande Señor recibe, cuán amado Huésped trae, cuán delicioso Compañero acoge, cuán fiel Amigo da la bienvenida, cuán hermoso y exaltado Esposo, por encima de cualquier otro Amado, abraza, Uno para ser amado por encima de todas las cosas que se pueden desear! Oh mi dulcísimo Amado, que el cielo y la tierra y toda la gloria de ellos, callen en Tu presencia; viendo que cualquier alabanza y belleza que tienen es de Tu graciosa generosidad; y nunca alcanzarán la hermosura de Tu Nombre, Cuya Sabiduría es infinita (Sal 148:5).

CAPÍTULO IV. *De los muchos y buenos dones que se conceden a los que Comulgan devotamente*

La voz del discípulo:

1. Señor Dios mío, concede a tu siervo las bendiciones de tu dulzura, para que pueda acercarme digna y devotamente a tu glorioso Sacramento. Despierta mi corazón hacia Ti, y líbrame del pesado sueño. Visítame con tu salvación para que pueda saborear en

espíritu tu dulzura, que está abundantemente escondida en este Sacramento como en una fuente. Ilumina también mis ojos para contemplar este misterio tan grande, y fortaléceme para que lo crea con fe inquebrantable. Porque es tu palabra, no poder humano; es tu santa institución, no invención del hombre. Porque ningún hombre se encuentra en sí mismo apto para recibir y entender estas cosas, que trascienden incluso la sabiduría de los ángeles. ¿Qué parte, pues, podré yo, indigno pecador, que no soy más que polvo y ceniza, escudriñar y comprender de tan profundo Sacramento?

2. Oh Señor, en la sencillez de mi corazón, en buena y firme fe, y de acuerdo con Tu voluntad, me acerco a Ti con esperanza y reverencia, y creo verdaderamente que Tú estás aquí presente en este Sacramento, como Dios y como hombre. Tú quieres, pues, que te reciba y me una a Ti en la caridad. Por tanto, imploro tu misericordia y te ruego que me concedas tu gracia especial, a fin de que me diluya por completo y rebose de amor hacia Ti, y no permita que entre en mí ningún otro consuelo. Porque este altísimo y gloriosísimo Sacramento es la salud del alma y del cuerpo, la medicina de toda enfermedad espiritual, por la cual soy curado de mis pecados, mis pasiones son refrenadas, las tentaciones son vencidas o debilitadas, más gracia es derramada en mí, la virtud comenzada es aumentada, la fe es hecha firme, la esperanza es fortalecida, y la caridad es encendida y agrandada.

3. En este Sacramento has concedido muchos bienes y los concedes continuamente a tus elegidos que comulgan devotamente, oh Dios mío, Salvador de mi alma, Reparador de la enfermedad humana y Dador de todo consuelo interior. Porque Tú derramas abundante consuelo en sus almas contra toda clase de tribulaciones, y desde lo profundo de su propia miseria las elevas a la esperanza de tu protección, y con gracia siempre nueva, las restauras e iluminas interiormente; de modo que las que antes de la Comunión se sentían ansiosas y sin afecto, después, refrescadas con el alimento y la bebida celestiales, se encuentran renovadas para bien. Y de esta manera tratas a tus elegidos, para que reconozcan y comprueben claramente que no tienen nada propio, y que la bondad y la gracia les vienen de Ti; porque siendo en sí mismos fríos, duros de corazón e indignos, por Ti se vuelven fervorosos, celosos y devotos. Porque, ¿quién se acerca humildemente a la fuente de la dulzura y no se lleva de allí al menos un poco de esa dulzura? ¿O quién, estando junto a un gran fuego, no siente desde allí un poco de su calor? Y Tú eres siempre una fuente llena y desbordante, un fuego que arde continuamente y nunca se apaga.

4. Por tanto, si no me es permitido beber de la plenitud de la fuente, ni beber hasta saciarme, acercaré mis labios a la boca del cauce celestial, para recibir al menos una pequeña gota que sacie mi sed, a fin de no secarme dentro de mi corazón. Y si aún no soy capaz de ser completamente celestial y tan encendido como los Querubines y Serafines, me esforzaré por entregarme a la devoción y preparar mi corazón, para que pueda ganar aunque sea una pequeña llama del fuego divino, a través de la humilde recepción del Sacramento vivificante. Pero todo lo que me falta, oh misericordioso Jesús, Santísimo Salvador, hazlo Tú, por tu bondad y gracia, que te has dignado llamar a todos a Ti, diciendo: Venid a mí todos los que estáis fatigados y agobiados, y yo os aliviaré.

5. Ciertamente trabajo con el sudor de mi frente, estoy atormentado por la tristeza de mi corazón, estoy cargado de pecados, estoy inquieto por las tentaciones, estoy enredado y

oprimido por muchas pasiones, y no hay nadie que me ayude, no hay nadie que me libre y me alivie, sino Tú, oh Señor Dios, mi Salvador, a quien yo me encomiendo y encomiendo todas mis cosas, para que Tú me preserves y me conduzcas a la vida eterna. Recíbeme para alabanza y gloria de tu nombre, que preparaste tu Cuerpo y tu Sangre para ser mi comida y mi bebida. Haz, Señor Dios Salvador mío, que al acudir con frecuencia a tus misterios aumente el celo de mi devoción.

CAPÍTULO V. *De la dignidad de este Sacramento, y del oficio del sacerdote*

La voz del Amado:

1. Si tuvieras la pureza angélica y la santidad de san Juan Bautista, no serías digno de recibir ni de administrar este Sacramento. Porque no se merece por mérito de hombre que un hombre consagre y administre el Sacramento de Cristo, y tome por alimento el pan de los ángeles. Vasto es el misterio y grande la dignidad de los sacerdotes, a quienes se da lo que no se concede a los ángeles. Porque sólo los sacerdotes, rectamente ordenados en la Iglesia, tienen el poder de consagrar y celebrar el Cuerpo de Cristo. El sacerdote es ciertamente el ministro de Dios, que usa la Palabra de Dios por mandato e institución de Dios; sin embargo, Dios es allí el Autor principal y el Autor invisible, a quien todo lo que Él quiere está sujeto, y todo lo que Él ordena es obedecido.

2. Por tanto, debes creer a Dios Todopoderoso en este excelentísimo Sacramento, más que a tu propio sentido o a cualquier signo visible en absoluto. Y por lo tanto con temor y reverencia se debe abordar esta obra. Por lo tanto, presta atención y mira qué es lo que se te ha encomendado en el ministerio por la imposición de las manos del Obispo. He aquí que has sido hecho sacerdote y consagrado para celebrar. Procura ahora hacerlo ante Dios fiel y devotamente a su debido tiempo, y muéstrate irreprochable. No has aligerado tu carga, sino que ahora estás atado con un vínculo más estricto de disciplina, y estás comprometido a un mayor grado de santidad. Un sacerdote debe estar adornado con todas las virtudes y ofrecer a los demás un ejemplo de vida buena. Su conversación no debe ser con las maneras populares y comunes de los hombres, sino con los Ángeles en el Cielo o con los hombres justos en la tierra.

3. El sacerdote vestido con santas vestiduras ocupa el lugar de Cristo para orar a Dios con toda súplica y humildad por sí mismo y por todo el pueblo. Debe recordar siempre la Pasión de Cristo. Debe mirar diligentemente las huellas de Cristo y esforzarse fervientemente por seguirlas. Debe soportar mansamente por Dios los males que le causen los demás. Debe llorar por sus propios pecados y por los pecados cometidos por otros, y no debe descuidar la oración y el Santo Sacrificio, hasta que prevalezca para obtener gracia y misericordia. Cuando el sacerdote celebra, honra a Dios, alegra a los ángeles, edifica la Iglesia, ayuda a los vivos, comulga por los difuntos y se hace partícipe de todos los bienes.

CAPÍTULO VI. *Una pregunta sobre la preparación de la Comunión*

La voz del discípulo:

1. Cuando considero tu dignidad, Señor, y mi propia vileza, tiemblo sobremanera y me confundo dentro de mí. Porque si no me acerco, huyo de la vida; y si me entrometo

indignamente, me precipito en tu desagrado. ¿Qué haré entonces, oh Dios mío, tú que ayudas y aconsejas en las necesidades?

2. Enséñame el camino recto; propónme algún breve ejercicio propio de la Sagrada Comunión. Porque es provechoso saber cómo debo preparar mi corazón devota y reverentemente para Ti, con la intención de que pueda recibir Tu Sacramento para la salud de mi alma [o también para celebrar este misterio tan grande y divino].

CAPÍTULO VII. *Del examen de conciencia y el propósito de la enmienda*

La voz del Amado:

1. Ante todo, el sacerdote de Dios debe acercarse, con toda humildad de corazón y reverencia suplicante, con plena fe y piadoso deseo de honrar a Dios, para celebrar, administrar y recibir este Sacramento. Examina diligentemente tu conciencia a fondo y, con verdadera contrición y humilde confesión, límpiala y purifícala, para que no sientas ninguna carga, ni conozcas nada que te produzca remordimiento y te impida acercarte libremente. Ten disgusto contra todos tus pecados en general, y especialmente pena y llanto por tus pecados cotidianos. Y si tienes tiempo, confiesa a Dios en lo secreto de tu corazón, todas las miserias de tu propia pasión.

2. Laméntate y entristécete porque eres todavía tan carnal y mundano, tan poco mortificado por tus pasiones, tan inclinado a los movimientos de la concupiscencia, tan descuidado en tus sentidos externos, tan a menudo enredado en muchas vanas fantasías, tan dispuesto a las cosas externas, tan negligente de las internas; tan presto a la risa y a la disolución, tan poco dispuesto al llanto y a la contrición; tan propenso a la facilidad y a la indulgencia de la carne, tan torpe para el celo y el fervor; tan curioso para oír novedades y contemplar cosas bellas, tan reacio a abrazar cosas humildes y despreciadas; tan deseoso de tener muchas cosas, tan reacio a darlas, tan cerrado a conservarlas; tan desconsiderado al hablar, tan reacio a guardar silencio; tan desordenados en los modales, tan desconsiderado en las acciones; tan ansioso por la comida, tan sordo hacia la Palabra de Dios; tan deseoso de descansar, tan lento para trabajar; tan vigilante tras los cuentos, tan somnoliento hacia las santas vigilias; tan ansioso por el fin de estas, tan errante en la atención a ellas; tan negligente en la observancia de las horas de oración, tan tibio en la celebración, tan infructuoso en la comunión; tan pronto distraído, tan pocas veces tranquilo contigo mismo; tan presto a la ira, tan dispuesto al disgusto con los demás; tan propenso a juzgar, tan severo a reprender; tan alegre en la prosperidad, tan débil en la adversidad; tan a menudo haciendo muchos buenos propósitos y llevándolos a tan poco efecto.

3. Cuando hayas confesado y lamentado estos y otros defectos, con tristeza y gran desagrado por tu propia enfermedad, toma la firme resolución de enmendar continuamente tu vida y de progresar en todo lo que es bueno. Además, con plena resignación y entera voluntad, ofrécete a ti mismo en honor de Mi nombre en el altar de tu corazón como un holocausto perpetuo, presentándome fielmente tu cuerpo y tu alma, para que seas considerado digno de acercarte a ofrecer este sacrificio de alabanza y acción de gracias a Dios, y de recibir el Sacramento de Mi Cuerpo y Sangre para la salud de tu alma. Porque no hay oblación más digna, ni satisfacción más grande para la

destrucción del pecado, que el que un hombre se ofrezca a Dios pura y enteramente con la oblación del Cuerpo y de la Sangre de Cristo en la Sagrada Comunión. Si un hombre ha hecho lo que en él hay de malo, y se arrepiente de veras, cuantas veces se acerque a Mí en busca de perdón y gracia, Vivo yo, dice el Señor, que no quiero la muerte del pecador, sino que se convierta y viva. Todas las ofensas que cometió no le serán recordadas (Ez 18:22-23).

CAPÍTULO VIII. *Del sacrificio de Cristo en la Cruz y de la renuncia a sí mismo*

La voz del Amado:

1. Así como por mi propia voluntad me ofrecí a Dios Padre en la Cruz por tus pecados con las manos extendidas y el cuerpo desnudo, de modo que nada quedó en Mí que no se convirtiese por entero en sacrificio para la propiciación divina; así también tú debes ofrecerte voluntariamente cada día a Mí como oblación pura y santa con todas tus fuerzas y afectos, hasta las últimas fuerzas de tu corazón. ¿Qué más te pido que te esfuerces en entregarte por entero a Mí? Lo que des además de ti mismo, no me importa nada, pues no pido de ti, sino a ti.

2. De la misma manera que no te bastaría si tuvieras todas las cosas excepto a Mí, así también todo lo que me des, si no me lo das tú mismo, no puede agradarme. Ofrécete a Mí y entrégate por entero a Dios, y tu ofrenda será aceptada. He aquí que Yo me ofrecí todo al Padre por ti, y doy también todo mi cuerpo y mi sangre como alimento, para que tú seas todo mío y yo tuyo. Pero si permaneces en ti mismo y no te ofreces libremente a mi voluntad, tu ofrenda no es perfecta, ni la unión entre nosotros será completa. Por tanto, la ofrenda voluntaria de ti mismo en las manos de Dios debe preceder a todas tus obras, si quieres alcanzar la libertad y la gracia. Porque ésta es la causa de que tan pocos sean iluminados interiormente y hechos libres, que no saben negarse a sí mismos por completo. Mi palabra es firme: Si alguno no renuncia a todo, no puede ser mi discípulo (Lc 14:33). Tú, pues, si quieres ser mi discípulo, ofrécete a mí con todos tus afectos.

CAPÍTULO IX. *De cómo debemos ofrecernos a nosotros mismos y todo lo nuestro a Dios, y orar por todos*

La voz del discípulo:

1. Señor, todo lo que hay en el cielo y en la tierra es Tuyo (1Cron 29:11). Deseo ofrecerme a Ti como ofrenda voluntaria, y seguir siendo Tuyo para siempre. Señor, en la rectitud de mi corazón me ofrezco (1Cron 29:17) voluntariamente a Ti hoy para ser tu siervo para siempre, en humilde sumisión y como sacrificio de alabanza perpetua. Recíbeme con la Santa Comunión de tu precioso Cuerpo, que hoy celebro ante Ti en presencia de los Ángeles que invisiblemente me rodean, para que sea para mi salvación y la de todo tu pueblo.

2. Señor, pongo ante Ti en esta celebración todos mis pecados y ofensas que he cometido ante Ti y tus santos Ángeles, desde el día en que pude pecar por primera vez hasta esta hora; para que consumas y quemes cada uno de ellos con el fuego de tu caridad, y borres todas las manchas de mis pecados, y limpies mi conciencia de todo agravio, y me

devuelvas el favor que al pecar he perdido, perdonándome plenamente todo, y admitiéndome misericordiosamente al beso de la paz.

3. ¿Qué puedo hacer respecto a mis pecados, sino confesarlos y lamentarlos humildemente e implorar sin cesar tu propiciación? Te suplico que me seas propicio y me escuches cuando me presente ante Ti, oh Dios mío. Todos mis pecados me desagradan gravemente: Nunca más los cometeré; pero me aflijo por ellos y me afligiré mientras viva, proponiéndome firmemente arrepentirme de verdad, y restituirme en cuanto pueda. Perdona, oh Dios, perdona mis pecados por amor de tu santo Nombre; salva mi alma, que has redimido con tu preciosa sangre. He aquí que me encomiendo a Tu misericordia, me resigno a Tus manos. Trátame según tu amorosa bondad, no según mi maldad e iniquidad.

4. Te ofrezco también toda mi bondad, aunque sea sumamente pequeña e imperfecta, para que la repares y santifiques, para que la hagas agradable y aceptable a tus ojos, y la conduzcas siempre a la perfección; y además me lleves a salvo, pobre criatura perezosa e inútil que soy, a un final feliz y bendito.

5. Además, te ofrezco todos los deseos piadosos de los devotos, las necesidades de los padres, amigos, hermanos, hermanas y de todos los que me son queridos, y de los que me han hecho bien a mí o a otros por tu amor; y de los que han deseado y suplicado mis oraciones para sí mismos y para todos los que les pertenecen; para que todos se sientan asistidos por tu gracia, enriquecidos por el consuelo, protegidos de los peligros, liberados de las penas; y para que, liberados de todos los males, te den con alegría gracias extraordinarias.

6. Te ofrezco también oraciones y súplicas sacramentales especialmente por aquellos que me han herido en algo, me han entristecido o han hablado mal de mí, o me han causado alguna pérdida o disgusto; también por todos aquellos a quienes en algún momento he entristecido, turbado, agobiado y escandalizado, con palabras u obras, a sabiendas o por ignorancia; para que a todos por igual nos perdones nuestros pecados y ofensas mutuas. Aparta, Señor, de nuestros corazones toda sospecha, indignación, ira y contienda, y cuanto pueda herir la caridad y disminuir el amor fraterno. Ten piedad, ten piedad, Señor, de los que imploran tu misericordia; da gracia a los necesitados; y haznos dignos de gozar de tu gracia, y de pasar a la vida eterna. Amén.

CAPÍTULO X. *De que la Sagrada Comunión no debe omitirse a la ligera*

La voz del Amado:

1. Debes acudir con frecuencia a la Fuente de la gracia y de la misericordia divina, a la Fuente de la bondad y de toda pureza, a fin de que puedas obtener la sanación de tus pasiones y vicios, y puedas ser más fuerte y más vigilante contra todas las tentaciones y asechanzas del demonio. El enemigo, sabiendo qué provecho y qué remedio sumamente fuerte hay en la Sagrada Comunión, se esfuerza por todos los medios y oportunidades en alejar y estorbar a los fieles y devotos, tanto como puede.

2. Porque cuando algunos se disponen a prepararse para la Sagrada Comunión, sufren las insinuaciones más malignas de Satanás. El mismo espíritu maligno (como está escrito en Job), se presenta entre los hijos de Dios para perturbarlos con sus acostumbrados malos manejos, o para hacerlos demasiado tímidos y perplejos; con la intención de disminuir sus afectos, o quitarles la fe con sus ataques, por si acaso puede convencerlos de que renuncien por completo a la Sagrada Comunión, o de que acudan a ella con corazones tibios. Pero no se debe hacer caso de sus artimañas y engaños, por perversos y terribles que sean; sino que todo su engaño debe ser devuelto contra su propia cabeza. El miserable debe ser despreciado y burlado; tampoco debe omitirse la Sagrada Comunión a causa de sus insultos y de los problemas interiores que suscita.

3. Con frecuencia, también el exceso de cuidado o algún temor u otra inquietud en relación con la confesión impiden alcanzar la perfección de la devoción. Sigue el consejo de los sabios y deja a un lado la inquietud y los escrúpulos, porque impiden la gracia de Dios y destruyen la devoción. Por alguna pequeña contrariedad o molestia no descuides la Sagrada Comunión, sino más bien apresúrate a confesarla, y perdona libremente todas las ofensas que te hayan hecho. Y si has ofendido a alguien, pide humildemente perdón, y Dios te perdonará gratuitamente.

4. ¿De qué te sirve aplazar mucho tiempo la confesión de tus pecados, o aplazar la sagrada Comunión? Límpiate en seguida, escupe el veneno con toda prontitud, apresúrate a tomar el remedio, y te sentirás mejor que si lo aplazaras mucho tiempo. Si hoy lo aplazas por un motivo, mañana tal vez surja algún obstáculo mayor, y así puede que durante mucho tiempo te impida comulgar y te vuelvas más incapaz. En cuanto puedas, sacúdete de tu actual pesadez y pereza, pues de nada aprovecha estar mucho tiempo ansioso, seguir mucho tiempo tu camino con pesadez de corazón, y a causa de los pequeños obstáculos diarios apartarte de las cosas divinas; es más, es sumamente perjudicial aplazar mucho tiempo tu Comunión, pues esto comúnmente produce un gran letargo. Hay algunos, tibios e indisciplinados, que de buena gana encuentran excusas para retrasar el arrepentimiento, y desean aplazar la Santa Comunión, para no estar obligados a mantener una vigilancia más estricta sobre sí mismos.

5. Ay, qué poca caridad, qué poca devoción tienen los que con tanta ligereza renuncian a la Sagrada Comunión. Cuán feliz es, cuán aceptable a Dios, quien vive de tal manera, y se mantiene en tal pureza de conciencia, que cualquier día podría estar listo y bien dispuesto a comulgar, si estuviera en su poder, y pudiera hacerlo sin que lo adviertan los demás. Si un hombre se abstiene a veces por humildad o por alguna causa sana, es digno de alabanza por su reverencia. Pero si la somnolencia se ha apoderado de él, debe despertarse y hacer aquello que en sí conviene; y el Señor ayudará a su deseo por la buena voluntad que tiene, la cual Dios aprueba especialmente.

6. Pero cuando se vea impedido por causa justificada, tendrá siempre buena voluntad y piadosa intención de comulgar; y así no le faltará el fruto del Sacramento. Porque todo hombre piadoso puede todos los días y a todas horas acercarse a la comunión espiritual con Cristo a la salud de su alma y sin impedimento alguno. Sin embargo, en ciertos días y a la hora señalada debe recibir el Cuerpo y la Sangre de su Redentor con afectuosa reverencia, y buscar más bien la alabanza y el honor de Dios que su propio consuelo. Pues tantas veces comulgará místicamente, y será invisiblemente confortado, como

devotamente recordará el misterio de la Encarnación y de la Pasión de Cristo, y se inflamará en Su amor.

7. Quien sólo se prepara cuando se acerca una fiesta o la costumbre le obliga, con demasiada frecuencia no estará preparado. Dichoso el que se ofrece a Dios como holocausto entero, tantas veces como celebra o comulga. No seas demasiado lento ni demasiado apresurado en tu celebración, sino conserva la costumbre bien recibida de aquellos con quienes vives. No debes producir cansancio y molestia en otros, sino observar la costumbre recibida, de acuerdo con la disposición de los ancianos; y servir para el beneficio de otros más que para tu propia devoción o sentimiento.

CAPÍTULO XI. *De que el Cuerpo y la Sangre de Cristo y las Sagradas Escrituras son lo más necesario para un alma fiel*

La voz del discípulo:

1. Oh dulcísimo Señor Jesús, ¿cuán grande es la bienaventuranza del alma devota que se alimenta Contigo en Tu banquete, donde no se le ofrece otro alimento que Tú mismo, su único Amado, más deseable que todos los deseos del corazón? Y para mí sería verdaderamente dulce derramar mis lágrimas en Tu presencia desde el fondo de mi corazón, y con la piadosa Magdalena regar Tus pies con mis lágrimas. Pero, ¿dónde está esta devoción? ¿Dónde el abundante fluir de santas lágrimas? Ciertamente, en tu presencia y en la de los santos ángeles, todo mi corazón debería arder y llorar de alegría, porque Te tengo realmente presente en este Sacramento, aunque oculto bajo otra apariencia.

2. Porque en tu propio resplandor divino, mis ojos no podrían soportar contemplarte, ni el mundo entero podría resistir el esplendor de la gloria de tu Majestad. En esto, pues, has tenido consideración con mi debilidad, ocultándote bajo este Sacramento. En verdad poseo y adoro a Aquel a quien los ángeles adoran en el cielo; yo todavía por un tiempo por la fe, pero ellos por la vista y sin velo. Es bueno para mí contentarme con la luz de la verdadera fe, y caminar en ella hasta que amanezca el día del resplandor eterno, y huyan las sombras de las figuras (Cant 2:17). Pero cuando llegue lo que es perfecto, cesará el recurso de los Sacramentos, porque los Bienaventurados en la gloria celestial no tienen necesidad del remedio Sacramental. Porque se regocijan sin cesar en la presencia de Dios, contemplando su gloria cara a cara, y siendo transformados de la gloria a la gloria (2Cor 3:18) del Dios infinito, saborean el Verbo de Dios hecho carne, como era en el principio y permanece para siempre.

3. Cuando pienso en estas cosas maravillosas, incluso el consuelo espiritual, cualquiera que sea, se convierte en un doloroso cansancio para mí; porque mientras no vea abiertamente a mi Señor en su propia gloria, considero inútil todo lo que veo y oigo en el mundo. Tú, oh Dios, eres mi testigo de que nada es capaz de consolarme, ninguna criatura es capaz de darme descanso, excepto Tú, oh Dios mío, a quien deseo contemplar eternamente. Pero esto no es posible, mientras permanezca en este estado mortal. Por lo tanto, debo tener mucha paciencia y someterme a Ti en todos mis deseos. Porque incluso tus santos, Señor, que ahora se regocijan Contigo en el reino de los cielos, esperaron la venida de Tu gloria mientras vivían aquí, con fe y gran gloria. Lo que ellos creyeron, eso

creo yo; lo que ellos esperaron, eso espero yo; adonde ellos llegaron, allí por Tu gracia espero yo llegar. Caminaré mientras tanto en la fe, fortalecido por los ejemplos de los Santos. Tendré también las Sagradas Escrituras por consuelo y por espejo de vida, y sobre todas ellas Tu Santísimo Cuerpo y Sangre serán para mí especial remedio y refugio.

4. Porque dos cosas siento que me son sumamente necesarias en esta vida, sin las cuales esta vida miserable me sería insoportable; estando detenido en la prisión de este cuerpo, confieso que necesito dos cosas, el alimento y la luz. Por eso me has dado a mí, que soy tan débil, Tu sagrado Cuerpo y Sangre, para refrigerio de mi alma y de mi cuerpo, y has puesto Tu Palabra por linterna a mis pies (Sal 119:105). Sin estas dos cosas no podría vivir debidamente; porque la Palabra de Dios es la luz de mi alma, y Tu Sacramento el pan de vida. Éstas pueden llamarse también las dos mesas, colocadas a un lado y a otro, en el tesoro de tu santa Iglesia. Una mesa es la del Sagrado Altar, que lleva el pan sagrado, que es el precioso Cuerpo y Sangre de Cristo; la otra es la mesa de la Ley Divina, que contiene la doctrina santa, enseña la verdadera fe y conduce firmemente hacia adelante hasta lo que está en el interior del velo, donde está el Santo de los Santos.

5. Gracias te sean dadas, oh Señor Jesús, Luz de Luz eterna, por esa mesa de santa doctrina que nos has proporcionado por medio de tus siervos los Profetas y Apóstoles y otros maestros. Gracias te sean dadas, oh Creador y Redentor de los hombres, que para dar a conocer tu amor al mundo entero has preparado una gran Cena, en la que has puesto para servir no el típico cordero, sino tu Santísimo Cuerpo y Sangre; alegrando a todos tus fieles con este santo banquete y dándoles a beber la copa de la salvación, en la que están todas las delicias del Paraíso, alimentándose con nosotros los santos Ángeles, y con una dulzura aún más feliz.

6. ¡Oh cuán grande y honorable es el oficio de los sacerdotes, a quienes se les concede consagrar el Sacramento del Señor de la majestad con palabras sagradas, bendecirlo con los labios, sostenerlo en sus manos, recibirlo con su propia boca y administrarlo a los demás! ¡Oh cuán limpias deben estar esas manos, cuán pura la boca, cuán santo el cuerpo, cuán sin mancha el corazón del sacerdote, a quien tan a menudo entra el Autor de la pureza! De la boca del sacerdote no debe salir sino lo santo, lo honesto y provechoso, porque tantas veces recibe el Sacramento de Cristo.

7. Sus ojos deben ser sencillos y puros, ya que están acostumbrados a mirar el Cuerpo de Cristo; las manos deben ser puras y extenderse hacia el cielo, ya que están acostumbradas a sostener en ellas al Creador del cielo y de la tierra. A los sacerdotes se les dice especialmente en la Ley: Sed santos, porque Yo, el Señor, vuestro Dios, soy santo (Lev 19:2).

8. Ayúdanos con tu gracia, oh Dios Todopoderoso, para que nosotros, que hemos asumido el oficio sacerdotal, podamos conversar digna y devotamente contigo con toda pureza y buena conciencia. Y si no podemos conversar con la inocencia de vida que nos es debida, concédenos lamentar dignamente los pecados que hemos cometido y, con espíritu de humildad y pleno propósito de buena voluntad, servirte con más empeño en el futuro.

CAPÍTULO XII. *De que quien va a Comulgar a Cristo debe prepararse con gran diligencia*

La voz del Amado:

1. Yo soy el Amante de la pureza y el Dador de la santidad. Busco un corazón puro, y allí tengo Mi reposo. Prepárame el aposento más grande y equipado, y celebraré la Pascua en tu casa con mis discípulos (Mc 14:14-15). Si quieres que vaya a ti y permanezca contigo, purifica la vieja levadura (1Cor 5:7), y limpia la morada de tu corazón. Apártate del mundo entero y de toda la multitud de pecados; siéntate como un gorrión solo en el tejado de la casa (Sal 102:7), y piensa en tus rebeliones con amargura de tu alma. Porque todo el que ama prepara el mejor y más hermoso lugar para su amado, porque así se conoce el afecto del que hospeda a su amado.

2. Sin embargo, debes saber que no puedes prepararte suficientemente por el mérito de ninguna acción tuya, aunque te prepararas durante todo un año y no pensaras en otra cosa. Pero sólo por mi ternura y gracia se te permite acercarte a mi mesa; como si un mendigo fuera llamado a la cena de un rico, y no tuviera otra recompensa que ofrecerle por los beneficios que le ha hecho, sino humillarse y darle gracias. Haz, pues, cuanto esté en ti, y hazlo diligentemente, no por costumbre, ni por necesidad, sino con temor, reverencia y afecto, recibe el Cuerpo de tu amado Señor Dios, que se digna venir a ti. Yo soy quien te ha llamado; Yo ordené que se cumpliera; Yo supliré lo que te falta; ven y recíbeme.

3. Cuando te conceda la gracia de la devoción, da gracias a tu Dios; no es porque seas digno, sino porque tuve misericordia de ti. Si no tienes devoción, sino que más bien te sientes seco, sé constante en la oración, no dejes de gemir y de golpear; no ceses hasta obtener alguna migaja o gota de gracia salvadora. Tú tienes necesidad de Mí, Yo no tengo necesidad de ti. Tú no vienes a santificarme, sino que Yo vengo a santificarte y a hacerte mejor. Tú vienes para ser santificado por Mí y para unirte a Mí, para recibir una gracia nueva y para enmendarte de nuevo. Procura no descuidar esta gracia, sino prepara tu corazón con toda diligencia, y recibe a tu Amado contigo.

4. Pero no sólo debes prepararte con devoción antes de la Comunión, sino que también debes mantenerte en ella con toda diligencia después de recibir este Sacramento; tampoco se necesita menos vigilancia después que una devota preparación previa, pues una buena vigilancia después se convierte a su vez en la mejor preparación para obtener más gracia. Porque el que inmediatamente después de la Comunión se entrega a los consuelos exteriores, queda completamente indispuesto para el bien. Guárdate de hablar mucho; permanece en un lugar apartado, y comulga con tu Dios; porque tienes a Aquel a quien el mundo entero no puede arrebatarte. Yo soy Aquel a quien debes entregarte por entero; para que ahora no vivas enteramente en ti mismo, sino en Mí, libre de toda angustia.

CAPÍTULO XIII. *De que el alma devota debe anhelar de todo corazón la unión con Cristo Sacramentado*

La voz del discípulo:

1. ¿Quién me concederá, Señor, que pueda encontrarte sólo a Ti, y abrirte todo mi corazón, y gozar de Ti tanto como mi alma desee; y que ningún hombre pueda en

adelante mirarme, ni criatura alguna conmoverme o respetarme, sino que sólo Tú me hables y yo a Ti, así como los enamorados acostumbran comunicarse con sus amados, y los amigos festejar con sus amigos? Por esto ruego, por esto anhelo, que pueda estar totalmente unido a Ti, y pueda apartar mi corazón de todas las cosas creadas, y por medio de la Santa Comunión y la celebración frecuente pueda aprender más y más a saborear las cosas celestiales y eternas. Ah, Señor Dios, ¿cuándo estaré enteramente unido y perdido en Ti, y completamente olvidado de mí mismo? Tú en mí y yo en ti (jn 15:4); concédenos que, de la misma manera, permanezcamos juntos en la unidad.

2. En verdad Tú eres mi Amado, el más escogido entre diez mil (Cant 5:10), en quien mi alma se complace en morar todos los días de su vida. En verdad Tú eres mi Pacificador, en Quien está la paz perfecta y el verdadero descanso, fuera de Quien está el trabajo, el dolor y la miseria infinita. Verdaderamente Tú eres un Dios que Te ocultas, y Tu consejo no está con los malvados, sino que Tu Palabra está con los humildes y los sencillos. Oh cuán dulce, Señor, es Tu espíritu, que para manifestar Tu dulzura a Tus hijos, te dignas alimentarlos con el pan lleno de dulzura que desciende del cielo. Verdaderamente no hay otra nación tan grande, que tenga a sus dioses cerca de ellos, como Tú, nuestro Dios, estás presente para todos Tus fieles (Deut 4:7), a quienes para su consuelo diario, y para elevar su corazón al cielo, Te das a Ti mismo como alimento y deleite.

3. Porque ¿qué otra nación hay tan renombrada como el pueblo cristiano? ¿O qué criatura es tan amada bajo el cielo como el alma devota a la que Dios entra para alimentarla con su carne gloriosa? ¡Oh gracia inefable! ¡Oh maravillosa condescendencia! ¡Oh amor inconmensurable especialmente concedido a los hombres! Pero, ¿qué pago daré al Señor por esta gracia, por esta caridad tan poderosa? No hay nada que pueda presentar más aceptable que dar mi corazón por entero a Dios, y unirlo interiormente a Él. Entonces se alegrarán todas mis entrañas, cuando mi alma esté perfectamente unida a Dios. Entonces Él me dirá: "Si quieres estar conmigo, yo estaré contigo". Y yo le responderé: "Dígnate, Señor, permanecer conmigo, y con gusto estaré contigo; éste es todo mi deseo, que mi corazón esté unido a Ti."

CAPÍTULO XIV: *Del ferviente deseo de algunos devotos de recibir el Cuerpo y la Sangre de Cristo*

La voz del discípulo:

1. Cuán grande es, Señor, la abundancia de tu dulzura, que has reservado para los que te temen. Cuando recuerdo a algunas personas devotas que se acercan a tu Sacramento, Señor, con la más profunda devoción y afecto, muy a menudo me confundo conmigo mismo y me sonrojo de vergüenza, porque me acerco a tu altar y a la mesa de la Sagrada Comunión tan descuidada y fríamente, que permanezco tan seco y sin afecto, que no me siento totalmente inflamado de amor ante ti, mi Dios, ni tan vehementemente atraído y afectado como muchas personas devotas lo han estado, que por el ferviente deseo de la Comunión, y el tierno afecto de corazón, no pudieron abstenerse de llorar, sino como si con la boca del corazón y del cuerpo jadearan interiormente por Ti, oh Dios, oh Fuente de Vida, sin poder apaciguar o saciar su hambre, excepto recibiendo Tu Cuerpo con toda alegría y ansia espiritual.

2. ¡Oh fe verdaderamente ardiente de aquellos, que se convierte en una prueba misma de Tu Sagrada Presencia! Porque ellos verdaderamente conocen a su Señor al partir el pan, y su corazón arde tan ardientemente dentro de ellos (Lc 24:32) cuando Jesús camina con ellos por el camino. Muy lejos de mí está, en su mayor parte, un amor y una devoción como éstos, un amor y un ardor tan vehementes. Ten piedad de mí, oh Jesús, bueno, dulce y bondadoso, y concede a tu pobre siervo sentir de vez en cuando en la Sagrada Comunión, aunque sólo sea un poco, el afecto cordial de tu amor, para que mi fe se fortalezca, aumente mi esperanza en tu bondad y mi caridad, una vez encendida en mí al gustar el maná celestial, no desfallezca jamás.

3. Pero tu misericordia es capaz incluso de concederme la gracia que anhelo, y de visitarme tiernamente con el espíritu de fervor cuando llegue el día de tu complacencia. Porque, aunque no ardo en deseos tan vehementes como los de aquellos que son especialmente devotos hacia Ti, sin embargo, por Tu gracia, tengo un deseo semejante a ese deseo tan inflamado, rogando y deseando ser hecho partícipe con todos aquellos que tan fervientemente Te aman, y ser contado entre su santa compañía.

CAPÍTULO XV. *De que la gracia de la devoción se adquiere por la humildad y la abnegación*

La voz del Amado

1. Debes buscar fervorosamente la gracia de la devoción, pedirla con fervor, esperarla con paciencia y fidelidad, recibirla con gratitud, conservarla con humildad, trabajar con ella diligentemente y dejar a Dios el tiempo y el modo de sentir la presencia celestial hasta que llegue. Principalmente debes humillarte cuando interiormente sientas poca o ninguna devoción, pero sin abatirte demasiado, ni afligirte sin medida. Dios a veces da en un breve momento lo que ha negado durante mucho tiempo; a veces da al final lo que al principio de la oración había aplazado dar.

2. Si la gracia se diera siempre inmediatamente, y estuviera a mano en el momento del deseo, sería apenas soportable para el hombre débil. Por tanto, la gracia de la devoción debe esperarse con buena esperanza y humilde paciencia. Sin embargo, échate la culpa a ti mismo y a tus pecados cuando no te sea concedida, o cuando te sea misteriosamente arrebatada. A veces es algo pequeño lo que obstaculiza y oculta la gracia; (si es que en verdad debe llamarse pequeño y no más bien grande, lo que obstaculiza un bien tan grande); pero si eliminas esto, sea pequeño o grande, y lo superas perfectamente, tendrás lo que has pedido.

3. Porque en cuanto te hayas entregado a Dios de todo corazón, y no hayas buscado esto ni aquello según tu propia voluntad y placer, sino que te hayas establecido totalmente en Él, te encontrarás unido y en paz; porque nada te dará tan dulce gusto y deleite, como el beneplácito de la voluntad divina. Quienquiera, pues, que haya elevado su voluntad a Dios con sencillez de corazón, y se haya liberado de todo amor o aversión desordenados hacia cualquier cosa creada, será el más apto para recibir la gracia, y digno del don de la devoción. Porque donde el Señor encuentra vasos vacíos (2Rey 4) allí da Él su bendición. Y cuanto más perfectamente abandona un hombre las cosas que no le

aprovechan, y cuanto más se abandona a sí mismo, tanto más pronto viene la gracia, tanto más abundantemente entra, y tanto más alto eleva el corazón libre.

4. Entonces verá, y fluirá, y se maravillará, y su corazón se ensanchará dentro de él (Is 60:5), porque la mano del Señor está con él, y se ha puesto enteramente en Sus manos, para siempre. Así será bienaventurado el hombre que busque a Dios de todo corazón y no reciba su alma en vano. Este hombre al recibir la Sagrada Eucaristía obtiene la gran gracia de la Unión Divina; porque no tiene en cuenta su propia devoción y consuelo, sino, por encima de toda devoción y consuelo, la gloria y el honor de Dios.

CAPÍTULO XVI. *De cómo debemos exponer a Cristo nuestras necesidades y pedir su gracia*

La voz del discípulo:

1. Oh dulcísimo y amoroso Señor, a quien ahora deseo devotamente recibir, Tú conoces mi enfermedad y la necesidad que sufro, en qué males y vicios me hallo; cuán a menudo estoy agobiado, tentado, turbado y contaminado. Vengo a Ti en busca de remedio, Te suplico consuelo y apoyo. Te hablo a Ti, que lo sabes todo, a quien están abiertos todos mis secretos, y que eres el único capaz de consolarme y ayudarme perfectamente. Tú sabes de qué bien estoy más necesitado y cuán pobre soy en virtudes.

2. He aquí que estoy pobre y desnudo ante Ti, requiriendo gracia e implorando misericordia. Refresca al hambriento suplicante, enciende mi frialdad con el fuego de tu amor, ilumina mi ceguera con el resplandor de tu presencia. Convierte todas las cosas terrenales en amargura para mí, todas las cosas penosas y contrarias en paciencia, todas las cosas sin valor y creadas en desprecio y olvido. Eleva mi corazón hacia Ti en el Cielo, y no me permitas vagar por la tierra. Sé sólo Tú dulce para mí desde hoy y para siempre, porque sólo Tú eres mi comida y mi bebida, mi amor y mi alegría, mi dulzura y todo mi bien.

3. Oh, que con tu presencia me enciendas, me consumas y me transformes en Ti mismo, para que sea uno contigo por la gracia de la unión interior y la fuerza del amor sincero. No permitas que me aleje de Ti hambriento y seco, sino que trátame con misericordia, como a menudo lo has hecho maravillosamente con tus santos. Qué maravilla si yo me encendiera totalmente en Ti, y me apagara por completo, ya que Tú eres el fuego que siempre arde y nunca se apaga, el amor que purifica el corazón e ilumina el entendimiento.

CAPÍTULO XVII: *Del ferviente amor y el vehemente deseo de recibir a Cristo*

La voz del discípulo:

1. Con la más profunda devoción y ferviente amor, con todo afecto y fervor de corazón, anhelo recibirte, oh Señor, así como muchos Santos y personas piadosas te han deseado en la Comunión, que Te agradaban del todo por su santidad de vida, y moraban en toda ardiente devoción. Oh Dios mío, Amor Eterno, todo mi Bien, Felicidad sin medida, anhelo recibirte con el deseo más vehemente y la reverencia más conveniente que santo alguno haya tenido o pueda tener.

2. Y aunque sea indigno de tener todos esos sentimientos devotos, te ofrezco todo el afecto de mi corazón, como si sólo yo tuviera todos esos deseos inflamados de gratitud. Sí, también, todas las cosas que una mente piadosa es capaz de concebir y anhelar, todas ellas con la más profunda veneración y fervor interior Te las ofrezco y presento. No deseo reservarme nada para mí, sino ofrecerme libre y enteramente a mí mismo y todo lo que tengo a Ti como sacrificio. Con tanto afecto, reverencia, alabanza y honor, con tanta gratitud, valor y amor, con tanta fe, esperanza y pureza deseo recibirte en este día, como te recibió y deseó tu Santísima Madre, la gloriosa Virgen María, cuando humilde y devotamente respondió al Ángel que le trajo la buena nueva del misterio de la Encarnación. He aquí la esclava del Señor; hágase en mí según tu palabra (Lc 1:38).

3. Y como tu bendito precursor, el más insigne de los santos, Juan Bautista, lleno de gozo en tu presencia, saltó, estando aún en el seno de su madre, de gozo en el Espíritu Santo; y después, al ver a Jesús caminando entre los hombres, se humilló sobremanera y dijo con devoto afecto: El amigo del novio, que está de pie y lo oye, se regocija grandemente por la voz del novio (Jn 3:29); así también yo deseo estar inflamado de grandes y santos deseos, y presentarme a Ti con todo mi corazón. Por lo cual también, en mi nombre y en el de todos los que me son encomendados en la oración, te ofrezco y presento el júbilo de todos los corazones devotos, sus afectos ardientes, sus éxtasis espirituales e iluminaciones sobrenaturales y visiones celestiales, con todas las virtudes y alabanzas celebradas y por celebrar por toda criatura en el cielo y en la tierra; a fin de que por todos seas dignamente alabado y glorificado por los siglos.

4. Recibe, Señor Dios mío, mis oraciones y mis deseos de ofrecerte infinitas alabanzas y bendiciones sin límites, que, según la multitud de tu indecible grandeza, te son debidas con toda justicia. Te las doy y deseo dártelas todos los días y en todo momento; y con súplicas y deseos afectuosos invito a todos los espíritus celestiales y a todos tus fieles a que se unan a mí para rendirte gracias y alabanzas.

5. Que todos los pueblos, naciones y lenguas Te alaben y magnifiquen Tu santo y dulce Nombre con el mayor júbilo y ardiente devoción. Y que todos los que reverente y devotamente celebren Tu altísimo Sacramento, y lo reciban con plena certeza de fe, sean considerados dignos de encontrar gracia y misericordia Contigo, e intercedan con toda súplica por mí, pecador; y cuando hayan alcanzado su deseada devoción y gozosa unión Contigo, y partan llenos de consuelo y maravillosamente renovados de Tu santa y celestial mesa, que se dignen acordarse de mí, pues soy pobre y necesitado.

CAPÍTULO XVIII. *Para que el hombre no sea un escudriñador curioso del Sacramento, sino un humilde imitador de Cristo, sometiendo su sentido a la santa fe*

La voz del Amado:

1. Debes guardarte de curiosas e inútiles búsquedas en este profundísimo Sacramento, si no quieres ser sumido en el abismo de la duda. El que busca la Majestad será oprimido por su gloria (Prov 25:27). Dios es capaz de hacer más de lo que el hombre puede comprender. Se ha de permitir una búsqueda piadosa y humilde de la verdad, cuando se

está siempre dispuesto a ser enseñado, y esforzándose por caminar según las sanas opiniones de los padres.

2. Bienaventurada la sencillez que deja a un lado los caminos difíciles de los cuestionamientos, y sigue los pasos claros y firmes de los mandamientos de Dios. Muchos han perdido la devoción mientras buscaban cosas más profundas. Se requiere de ti fe, y una vida sincera, no altivez intelectual, ni profundidad en los misterios de Dios. Si no entiendes ni comprendes las cosas que están debajo de ti, ¿cómo comprenderás las que están por encima de ti? Sométete a Dios, y humilla tu sentido a la fe, y te será dada la luz del conocimiento, según te sea provechoso y necesario.

3. Hay algunos que son gravemente tentados respecto a la fe y el Sacramento; pero esto no debe imputarse a ellos mismos, sino más bien al enemigo. No te preocupes, pues, de esto, no discutas con tus propios pensamientos, ni respondas a las dudas que te arroja el demonio, sino cree en las palabras de Dios, cree en sus santos y profetas, y el malvado enemigo huirá de ti. A menudo aprovecha mucho que el siervo de Dios soporte tales cosas. Porque el enemigo no tienta a los incrédulos y pecadores, porque ya tiene segura posesión de ellos; pero tienta y hostiga a los fieles y devotos por diversos medios.

4. Avanza, pues, con fe sencilla e inquebrantable, y acércate al Sacramento con reverencia suplicante. Y todo lo que no puedas entender, encomiéndalo sin angustia a Dios Todopoderoso. Dios no te engaña; se engaña quien cree demasiado en sí mismo. Dios camina con los sencillos, se revela a los humildes, da entendimiento a los niños, abre el sentido a las mentes puras y oculta la gracia a los curiosos y orgullosos. La razón humana es débil y puede ser engañada; pero la fe verdadera no puede ser engañada.

5. Toda razón e investigación natural debe seguir a la fe, no precederla ni quebrantarla. Porque la fe y el amor ocupan aquí especialmente el lugar más alto, y obran de modo oculto en este santísimo y excelentísimo Sacramento. Dios, que es eterno e incomprensible, y de infinito poder, hace cosas grandes e inescrutables en el cielo y en la tierra, y sus maravillosas obras son insondables. Si las obras de Dios fueran de tal naturaleza que pudieran ser fácilmente comprendidas por la razón humana, ya no se las llamaría maravillosas o inefables.

ÍNDICE

5. PRIMER LIBRO: CONSEJOS ÚTILES PARA LA VIDA ESPIRITUAL

27. SEGUNDO LIBRO: CONSEJOS SOBRE LA VIDA INTERIOR

39. TERCER LIBRO: SOBRE EL CONSUELO INTERIOR

89. CUARTO LIBRO: SOBRE EL SACRAMENTO DEL ALTAR

Made in United States
Orlando, FL
02 November 2024

53407665R00071